엑셀강좌시리즈 2]

엑셀을 이용한 지반공학 입문

부록 CD 본문 속 예제 파일 수록

이시다 테츠로 저
황승현 역

도 서 출 판
CIR 씨·아이·알

이 책은 학생과 기술자를 위한 지반공학의 입문서로 쓴 것이다. 흙은 공학적인 재료 중에서 취급이 어렵고, 처음으로 배우는 사람에게는 매달리기 어려운 과목의 하나로 되어 있다. 그러나 흙은 옛날부터 사람들의 생활기반이나 도구(재료)로서 사용되어 온 것은 쉽게 상상할 수 있고, 누구라도 유년기에 모래사장에서 뛰어놀던 기억이 있을 것이다. 그렇지만 건설이나 환경공학에 흥미를 갖고 진학한 학생 여러분들은 왜? 지반공학을 덮어놓고 싫어하는지 대학교육에 종사하는 한 사람으로서 항상 상념에 잠겨 있다.

그런데 현재 많이 보급된 워드프로세서나 PC는 문장을 작성하는 데 무척 편리하고 능률적인 문명의 이기이다. 한자를 잊어도 간단히 알 수 있다. 그럴 때에, 워드프로세서에서 [土]에 관한 한자를 찾으면 많은 수의 글자가 나타난다. 한자는 알파벳과 다른 상형문자이므로 한 글자 한 글자가 특정 의미를 갖는 표의문자이다. 워드프로세서를 사용하면서 한자의 의미를 쫓아보면, 예를 들면 토양오염이라고 하는 환경문제에서 많은 사람들이 알고 있는 [土壤의 壤은 土라는 한자부수에 壤이 결합된 글자이다. [壤의 의미는 "부드럽다", "혼합하다"라는 의미이다. 토양이라는 말은 공학에서는 많이 사용되지는 않지만, 농업분야에서는 일반적인 언어이다. 부드럽고 비옥한 흙에서 식물이 자라는 것을 생각하면 납득할 수 있는 한자이다.

[地는 土 옆에 [也를 쓰는데, [也는 평평하게 늘어난다고 하는 의미가 있다. [地를 사용하여 大地, 平地, 地面, 地盤으로 넓게 표현하고 있다.

옛날에는 "흙(土) 위에 사람이 앉다"에서 "앉다"는 [坐라는 한자가 사용되었는데 지금은 지붕이 있는 곳, 즉 집안에 앉아서의 [凼가 사용되고 있다.

[埴輪에서 [埴의 의미는 붉은 점착성의 흙으로 기와나 도자기의 원료가 되는 흙을 나타낸다. 土 옆의 [直은 손으로 반죽하면 꼿꼿이 세울 수 있도록 끈기가 좋은 흙이라는 것을 말한다. 농가에서는 점토가 많은 흙을 [찰흙]이라고 하는데, 찰흙과 모래가 적당히 혼합된 흙을 양토(壤土)라 부르고 있다. 토양(土壤)을 거꾸로 하면 양질의 흙이 된다고 하는 의미를 가지는 것이다.

이와 같이 워드프로세서 기능에 그치지 않고 엑셀의 연산기능을 이용하면, 다루기 곤란한 [지반공학]도 쉽게 배울 수 있다고 생각한 것이 이 책이다. 이 책에서는 각 장의 내용을 간결하게 설명하면서 예제를 표시하고, 그 예제의 해법을 배우는 것으로 엑셀의 계산 테크닉을 구사하여 구축하였으며, 각각의 예제에 대응한 엑셀파일을 첨부하였다. 문제의 조건은 파일 상에서 대신하는 것에 따라서 그 거동 혹은 결과가 순식간에 얻을 수 있도록 되어 있다.

이 책에 의하여 지반공학에서의 그 공학적인 계산방법의 구조를 이해하여 귀찮은 계산도 반복하여 경험하는 것에 따라 의미가 있으며, 점차 어려운 내용으로 발전해 나가면 좋을 것이다. 부족한 점을 비판해 주시면 기회를 봐서 정정할 생각이다. 끝으로 이 책의 예제해답을 엑셀파일로 구축해 주신 IT토목기술연구회에 깊은 감사를 드린다.

저자 영문 이름 : Ishida Tetsuro

이시다 테츠로(石田 哲朗)

한국 에서는 개인용 컴퓨터가 본격적으로 보급되기 시작한 80년대 말부터 스프레드시트(Spread sheet)라는 표계산 프로그램이 사용되기 시작하면서 토목분야에서도 이를 이용하여 다양한 업무를 수행해 왔는데, 특히 공사비와 관련된 분야에서는 본격적인 전용프로그램이 나오기 전까지는 대부분 스프레드시트를 이용할 정도로 각광을 받은 적이 있었다.

컴퓨터가 윈도우 환경으로 바뀌면서 마이크로소프트사에서 개발한 윈도 환경의 스프레드시트인 엑셀이 보급되기 시작하면서 단순히 표계산에만 그치지 않고 다양한 계산식의 내장, 그래프, 도형 등 계산과 그래픽이 통합된 형태로 제공되면서 보다 편리하고 다양하게 이용할 수 있게 되었다.

토목에서는 단가계산은 물론이고, 공정관리, 자재관리, 수량산출, 구조계산 등 다양한 업무에 이용되고 있으며, 설계준공 시에 엑셀파일을 원본형태로 납품하고 있는 실정이다.

그런데 토목에서의 엑셀은 여러 분야에서 다양한 용도로 사용되고 있지만 유독 지반분야에서는 그리 많이 사용되고 있지 않다. 관련서적이나 설계 예를 봐도 도로나 구조분야에서는 무수히 많은 엑셀파일들이 존재하지만 지반분야는 찾아보기가 힘들 정도이다.

설계회사에 입사를 하면 제일 먼저 배우는 것이 바로 엑셀과 CAD를 다루는 일인데, 설계환경이 획기적으로 바뀌지 않는 한, 평생을 계속해서 사용해야 할 필수 도구들이다. 이와 같이 설계업무에서는 없어서 안 될 필수

도구를 다루는 일을 회사에 입사하여 배우게 되면 그만큼 어려움을 겪게 될 것이다.

이런 이유에서 지반분야의 기초지식을 알기 쉽게 엑셀로 만들어 제공함으로서 배움에 있는 학생들이나 사회초년생에게 조금이나마 보탬이 되었으면 하는 바람으로 이 책을 번역하게 되었다.

책의 내용을 보면 알 수 있듯이 지반분야의 기초적인 내용에서부터 중급 정도의 내용이 수록되어 있기 때문에 누구나 쉽게 접근이 가능하며, 이것을 이용하여 보다 고차원적인 내용의 프로그램을 만들 수 있을 것으로 보인다.

특히 엑셀에는 VBA(Visual Basic Application)가 내장되어 있는데, 이것을 이용하면 현재 시판되고 있는 지반분야의 다양한 프로그램도 직접 만들어 사용할 수 있을 것이다.

기회가 된다면 VBA를 이용한 지반프로그램을 가지고 지면에서 만날 수 있기를 희망하면서 이 책이 출판될 수 있도록 도와주신 씨아이알의 김성배 사장님과 직원들께 깊은 감사를 드립니다.

2011년 2월
황 승 현

C·O·N·T·E·N·T·S

제 1 장

흙의 상태를 나타내는 기본량

　암석이 풍화작용을 받게 되면 흙 입자가 퇴적하여 물리적 혹은 화학적 작용을 받아서 다양한 성질의 흙이나 구조를 만들어낸다. 흙 구조의 배열은 사질토에서는 그림 1.1(a)에 표시한 것처럼 중력의 작용만으로 쌓이게 된다. 이것을 단립구조(單粒構造, single grained structure)라 부른다. 점성토는 그림 1.1(b)의 비교적 작은 압력을 받아서 퇴적된 분산구조(分散構造, dispersion structure)며, 그림 1.1(c)은 큰 압력을 받아서 퇴적된 상태를 나타내는 배향구조(配向構造, oriented structure)이다. 또, 이들의 흙은 불균질한 물질로 고체 부분의 고상(固相), 액체 부분의 액상(液相)과 대기 부분의 기상(氣相) 등 3상체(三相體)로 구성되어 있다. 고상, 액상, 기상은 각각 흙 입자, 간극수, 간극공기라 부르는데, 이들의 양적인 상호관계에 의하여 흙의 상태를 정량적으로 나타내는 지표가 되고 있다.

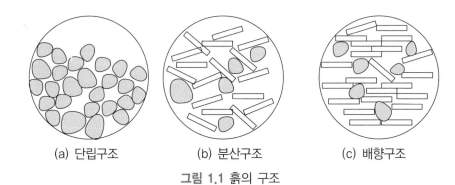

(a) 단립구조　　　　(b) 분산구조　　　　(c) 배향구조

그림 1.1 흙의 구조

1.1 흙의 상태를 나타내는 제원

그림 1.2는 일반적인 흙에 대한 구성을 나타낸 것인데, 각 성분의 질량(m : mass)과 중량(W : weight)을 좌측에, 체적(V : volume)을 우측에 표시한 것이다. 첨자의 a, w, s는 air, water, soil(solid)을 의미한다.

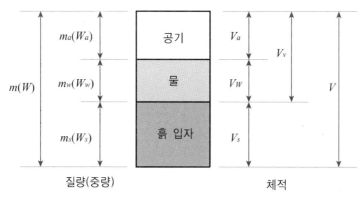

그림 1.2 흙의 구성

흙의 상태를 나타내는 제원은 그림 1.2에 표시한 기호를 사용하여 다음과 같은 명칭으로 부른다.

(1) 간극비(void ratio) : e

$$e = \frac{V_v}{V_s} \tag{1.1}$$

(2) 간극률(porosity) : n

$$n = \frac{V_v}{V} \times 100(\%) \tag{1.2}$$

(3) 포화도(degree of saturation) : S_r

$$S_r = \frac{V_w}{V_v} \times 100(\%) \tag{1.3}$$

(4) 함수비(water content) : w

$$w = \frac{m_w}{m_s} \times 100(\%) \tag{1.4}$$

(5) 흙 입자의 밀도(density) : ρ_s

$$\rho_s = \frac{m_s}{V_s} \tag{1.5}$$

흙 입자의 비중 G_s는 흙 입자의 밀도를 물의 밀도로 나눈 것이다.

(6) 흙의 밀도에는 습윤밀도(ρ_t), 건조밀도(ρ_d), 포화밀도(ρ_{sat}), 수중밀도(ρ_{sub}) 가 있으며, 다음과 같은 관계에서 구해지는데 단위는 전부 g/cm³이다.

$$\begin{aligned} \rho_t &= \frac{m}{V} = \frac{m_s + m_w + m_a}{V} \\ \rho_d &= \frac{m_s}{V} \\ \rho_{sat} &= \frac{m}{V} = \frac{m_s + m_w}{V} \\ \rho_{sub} &= \frac{m_s - \rho_s V_s}{V} = \rho_{sat} - \rho_w \end{aligned} \tag{1.6}$$

(7) 흙의 단위중량은 (6)의 흙의 밀도 각각에 중력가속도 g(9.80665m/s² → 9.81m/s²)를 곱하면 중량이 된다. 예를 들면 습윤단위중량은 다음과 같이 된다.

$$\gamma_t = \rho_t g \ (\text{kN/m}^3) \tag{1.7}$$

1.2 흙의 상태를 나타내는 제원의 관계식

흙의 상태량에는 (1.8)식과 같은 관계가 성립되는데, 이것을 이용하는 방법에 따라서 미지의 량을 구하는 것이 가능하다. 또한, 실험에서 직접 구할 수 있는 것은 흙 입자의 밀도, 함수비, 습윤밀도 등이 있다.

(1) 흙의 상태량을 구하는 관계식

$$
\begin{aligned}
e &= \frac{n}{1-n} \\
n &= \frac{e}{1+e} \\
S_r &= \frac{w\rho_s}{\rho_w e} \\
\rho_d &= \frac{\rho_t}{1+\dfrac{w}{100}} \\
e &= \frac{\rho_s}{\rho_d} - 1
\end{aligned}
\tag{1.8}
$$

(2) 밀도의 상태변화를 구하는 식

(1.9)식은 흙의 밀도와 포화도와의 관계에서 밀도의 상태변화를 구하는 식이다.

$$
\begin{aligned}
\rho_t &= \frac{\rho_s + \rho_w e \dfrac{S_r}{100}}{1+e} \\
S_r &= 100\% \rightarrow \rho_{sat} \\
S_r &= 0\% \rightarrow \rho_d
\end{aligned}
\tag{1.9}
$$

흙의 상태량을 산정하는 문제에서는 그림 1.2 구성도의 사용에 한하여 (1.1)식~(1.7)식을 이용하는 것과, (1.8), (1.9)식에서 값을 찾는 방법이 있다. 물론 혼합하여 사용하여도 좋다.

1.3 흙의 입도와 콘시스턴시(Consistency)

흙의 입도시험 결과는 흙 입자 크기의 분포상황에서 그 성질을 파악하여 토질재료로써 적정한지를 판단하기 위하여 사용된다. 그 판정을 위한 계수로서

$$균등계수 : U_c = \frac{D_{60}}{D_{10}} \qquad 곡률계수 : U_c^{'} = \frac{(D_{30})^2}{D_{60} \times D_{10}}$$

이 있다. 평균입경은 D_{60} 또는 D_{50}이 사용된다. 특히 D_{10}은 유효직경으로 불리며 사용되고 있다.

흙의 콘시스턴시는 입경에서 말하면 0.075mm 이하의 세립분을 50% 이상 함유한 흙의 수분변화에 동반한 상태의 변화를 표현한 것이다.

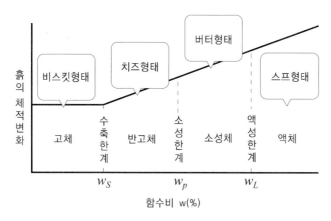

그림 1.3 콘시스턴시한계

그림 1.3에 표시한 콘시스턴시한계(consistency limit)와 소성지수(plasticity index) I_P, 액성지수(liquefaction index) I_L(%), 콘시스턴시지수(consistency index) I_c(%)는 잘 기억해 두어야 한다. 그림 1.4는 I_L과 I_c의 관계를 나타낸 것이다.

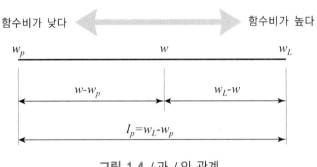

함수비가 낮다 ⟵⟶ 함수비가 높다

그림 1.4 I_L과 I_c의 관계

$$I_L = \frac{w - w_p}{I_p}, \quad I_c = \frac{w_L - w}{I_p} = 1 - I_L \tag{1.10}$$

여기서, I_L : 액성지수

I_P : 소성지수

I_c : 콘시스턴시지수

w : 함수비

w_p : 소성한계

w_L : 액성한계

I_L이 0에 가깝거나, I_c가 1에 가깝게 되면 안정한 상태를 나타내는 것이다.

예제 1.1

어느 흙의 습윤밀도는 1.81g/cm^3이고, 흙 입자의 밀도가 2.71g/cm^3, 함수비가 12%이다. 이 흙의 ① 건조밀도, ② 간극비, ③ 간극률, ④ 포화도를 구하여 흙의 구성도를 완성하시오.

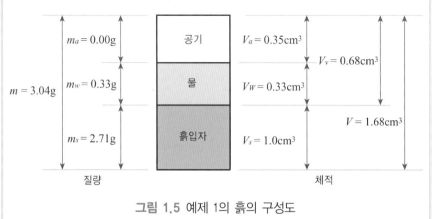

$m_a = 0.00\text{g}$ 공기 $V_a = 0.35\text{cm}^3$

$V_v = 0.68\text{cm}^3$

$m = 3.04\text{g}$ $m_w = 0.33\text{g}$ 물 $V_w = 0.33\text{cm}^3$

$V = 1.68\text{cm}^3$

$m_s = 2.71\text{g}$ 흙입자 $V_s = 1.0\text{cm}^3$

질량   체적

그림 1.5 예제 1의 흙의 구성도

예제 1.1의 해답

$V_s = 1\text{cm}^3$이면 $\rho_t = 1.81\text{g/cm}^3$이며, $m = 1.81\text{g}$가 된다.

$\rho_s = 2.71\text{g/cm}^3$이므로 $m_s = 2.71\text{g}$이다.

$w = 12\%$이므로 $m_w = 2.71 \times 0.12 = 0.33\text{g}$, $V_w = 0.33\text{cm}^3$에서

$$m = m_s + m_w = 2.71 + 0.33 = 3.04\,\text{g}$$

$\rho_t = 1.81\text{g/cm}^3$에서

$$V = \frac{3.04}{1.81} = 1.68\,\text{cm}^3, \quad V_v = V - V_s = 1.68 - 1.0 = 0.68\,\text{cm}^3$$

따라서

$$V_a = V_v - V_w = 0.35 \, \text{cm}^3, \quad \rho_d = \frac{m_s}{V} = 1.61 \, \text{g/cm}^3, \quad e = \frac{V_v}{V_s} = 0.68$$

$$n = \frac{V_v}{V} \times 100 = \frac{0.68}{1.68} \times 100 = 40.5 \, \%$$

$$S_r = \frac{V_w}{V_v} \times 100 = \frac{0.33}{0.68} \times 100 = 48.5 \, \%$$

예제 1.1의 다른 해답

(1.8)식의 관계식을 사용하면

$$\rho_d = \frac{\rho_t}{1 + \dfrac{w}{100}} = \frac{1.81}{1 + \dfrac{12}{100}} = 1.62 \, \text{g/cm}^3$$

$$e = \frac{\rho_s}{\rho_d} - 1 = \frac{2.71}{1.62} - 1 = 0.67$$

$$n = \frac{e}{1+e} = \frac{0.67}{1+0.67} = 40.1 \%$$

$$S_r = \frac{w\rho_s}{\rho_w e} = \frac{12 \times 2.71}{1.0 \times 0.67} = 48.5\%$$

흙을 소정의 함수비로 조정할 때에 가수(加水)하는 량을 계산하는 경우는

$m=m_s+m_w$이므로

$$w = \frac{m_w}{m_s} \times 100$$

에서 $m_w = \dfrac{m_s w}{100}$

$$m = m_s + \frac{m_s w}{100} = m_s \left(1 + \frac{w}{100} \right)$$

의 관계식을 사용.

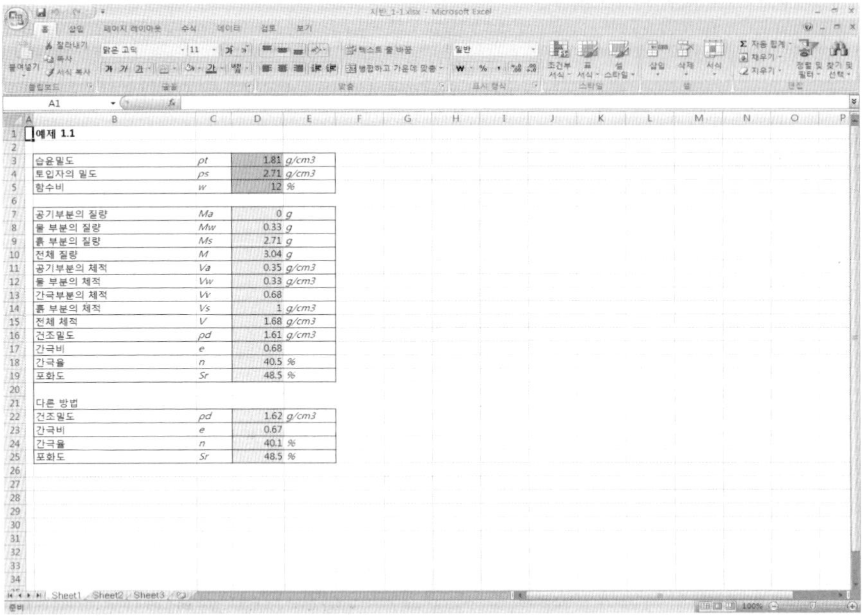
예제 1.1
습윤밀도 ρt 1.81 g/cm3
토입자의 밀도 ρs 2.71 g/cm3
함수비 w 12 %
공기부분의 질량 Ma 0 g
물 부분의 질량 Mw 0.33 g
흙 부분의 질량 Ms 2.71 g
전체 질량 M 3.04 g
공기부분의 체적 Va 0.35 g/cm3
물 부분의 체적 Vw 0.33 g/cm3
간극부분의 체적 Vv 0.68
흙 부분의 체적 Vs 1 g/cm3
전체 체적 V 1.68 g/cm3
건조밀도 ρd 1.61 g/cm3
간극비 e 0.68
간극율 n 40.5 %
포화도 Sr 48.5 %
다른 방법
건조밀도 ρd 1.62 g/cm3
간극비 e 0.67
간극율 n 40.1 %
포화도 Sr 48.5 %
Sheet1
Sheet2
Sheet3

그림 1.6 예제 1.1 Excel 해답 예

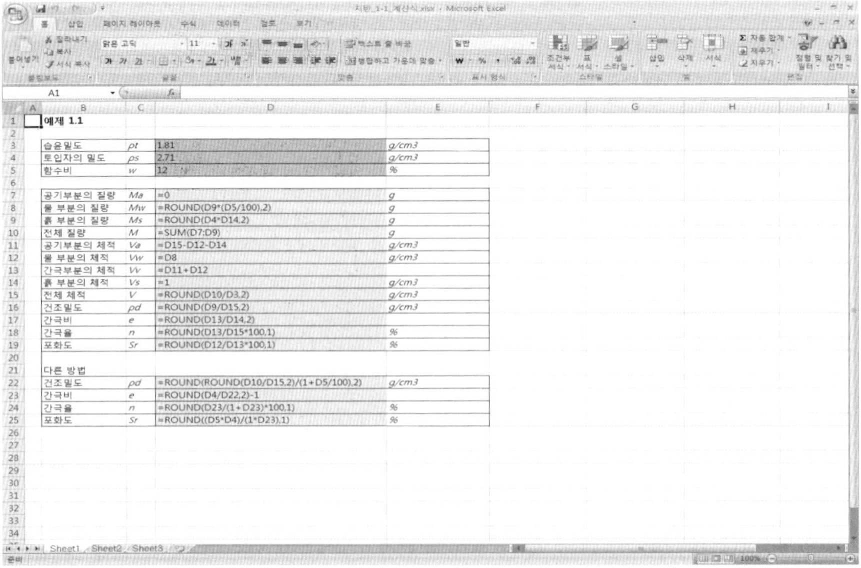
예제 1.1
습윤밀도 ρt 1.81 g/cm3
토입자의 밀도 ρs 2.71 g/cm3
함수비 w 12 %
공기부분의 질량 Ma =0 g
물 부분의 질량 Mw =ROUND(D9*(D5/100),2) g
흙 부분의 질량 Ms =ROUND(D4*D14,2) g
전체 질량 M =SUM(D7:D9) g
공기부분의 체적 Va =D15-D12-D14 g/cm3
물 부분의 체적 Vw =D8 g/cm3
간극부분의 체적 Vv =D11+D12
흙 부분의 체적 Vs =1 g/cm3
전체 체적 V =ROUND(D10/D3,2) g/cm3
건조밀도 ρd =ROUND(D9/D15,2) g/cm3
간극비 e =ROUND(D13/D14,2)
간극율 n =ROUND(D13/D15*100,1) %
포화도 Sr =ROUND(D12/D13*100,1) %
다른 방법
건조밀도 ρd =ROUND(ROUND(D10/D15,2)/(1+D5/100),2) g/cm3
간극비 e =ROUND(D4/D22,2)-1
간극율 n =ROUND(D23/(1+D23)*100,1) %
포화도 Sr =ROUND((D5*D4)/(1*D23),1) %
Sheet1
Sheet2
Sheet3

그림 1.7 예제 1.1 Excel 계산식

흙의 밀도가 1.68g/cm^3인 어느 흙의 함수비가 18%이다. 이 흙의 함수비를 25%로 하면 1m^3당 얼마의 물을 추가해야 하는가?

1.68g/cm^3은 1.68t/m^3이므로

$$1.68\,\text{t} = m_s\left(1 + \frac{18}{100}\right) \rightarrow m_s = 1.42\,\text{t}$$

1m^3당의 가수량을 x로 하면

$$1.68\,\text{t} + x = 1.42 \times \left(1 + \frac{25}{100}\right) \rightarrow x = 0.095\,\text{t} = 95\,\text{kg}$$

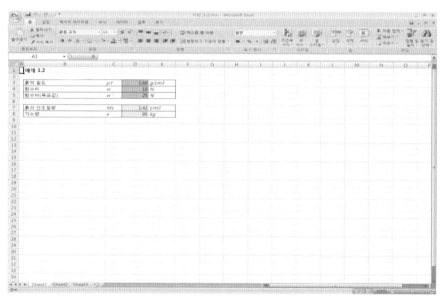

그림 1.8 예제 1.2 Excel 해답 예

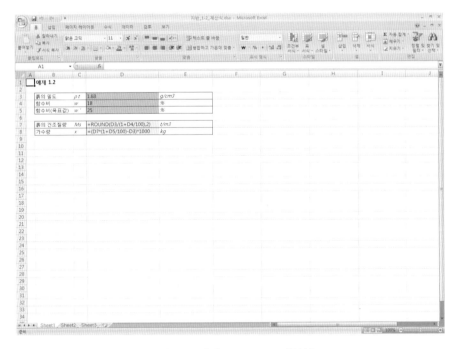

그림 1.9 예제 1.2 Excel 계산식

예제 1.3

흙의 습윤밀도가 $1.75g/cm^3$이고, 함수비가 21%이다. 이 흙의 $500,000m^3$
을 굴착하여 어느 현장으로 운반하여 함수비를 변화시키지 않고 성토를 하는
것으로 하였다. 성토의 건조밀도는 $1.70g/cm^3$을 목표로 하였다. 굴착현장에
대한 흙의 간극비와 성토의 간극비를 구하라. 구축하는 성토의 체적과 포화
도를 구하라. 여기서 흙 입자의 밀도는 $2.75g/cm^3$이다. 또, 성토의 필요체적
이 $500,000m^3$ 일 때 굴착토량은 몇 m^3가 필요한가?

굴착현장에 대한 흙의 간극비

$$\rho_d = \frac{\rho_t}{1 + \dfrac{w}{100}} = \frac{1.75}{1 + \dfrac{21}{100}} = 1.45 \, \text{g/cm}^3$$

$$e = \frac{\rho_s}{\rho_d} - 1 = \frac{2.75}{1.45} - 1 = 0.897$$

성토의 간극비는

$$e = \frac{\rho_s}{\rho_d} - 1 = \frac{2.75}{1.70} - 1 = 0.617$$

굴착현장의 흙의 체적은

$$V = V_v + V_s = 500,000 \, \text{m}^3 \text{ 이므로}$$

고체 부분의 체적 V_s는

$$\frac{V_v}{V_s} = 0.897$$

$$V_v = 0.897 V_s \quad V = 0.897 V_s + V_s = 500,000 \, \text{m}^3 \quad V_s = \frac{500,000}{1.897} = 263,574 \, \text{m}^3$$

한편, 성토의 간극비는

$$\frac{V_{v1}}{V_s} = 0.618$$

$$\downarrow$$

$$V_{v1} = 0.618 V_s = 0.618 \times 263,574 = 162,889 \, \text{m}^3 \text{ 이므로}$$

전체의 체적 V_1은

$$V_1 = V_{v1} + V_s = 162,889 + 263,574 = 426,463 \, \text{m}^3$$

포화도는

$$S_r = \frac{\rho_s w}{\rho_w e} = \frac{2.75 \times 21}{1 \times 0.618} = 93.4\%$$

따라서 굴착토량은 다음과 같다.

$$V_1 = V_{v1} + V_s = 500,000 \, \text{m}^3$$
$$V = 0.618V_s + V_s = 500,000 \, \text{m}^3 \rightarrow V_s = 309,023 \, \text{m}^3$$
$$V = 0.896V_s + V_s = 0.897 \times 309,023 + 309,023 = 586,218 \, \text{m}^3$$

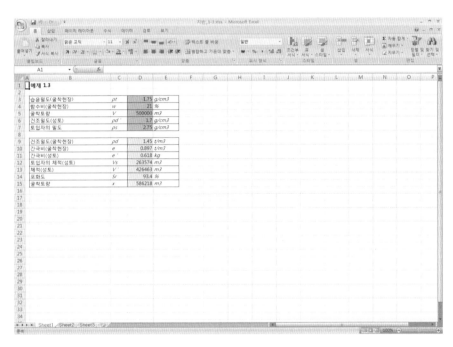

그림 1.10 예제 1.3 Excel 해답 예

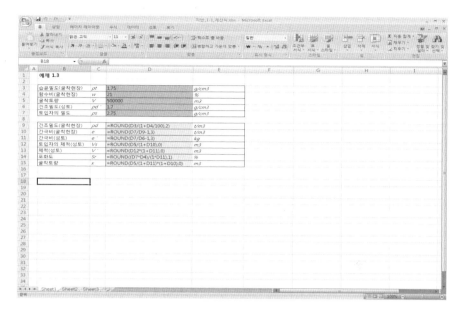

그림 1.11 예제 1.3 Excel 계산식

예제 1.4

어느 흙의 콘시스턴시 한계시험을 하던 중, $LL(w_L)$=71.8%, $PL(w_p)$=24.9%, 자연함수비(w_n)는 64.8%였다. 소성지수 $P_I(I_p)$, 액성지수 I_L 및 콘시스턴시지수 I_c를 구하라.

예제 1.4의 해답

$$PI = LL - PL = 71.8 - 24.9 = 46.9$$

$$\frac{(w_n - w_p)}{I_p} = \frac{(64.8 - 24.9)}{46.9} = 0.85\%$$

$$I_c = \frac{(w_L - w_n)}{I_p} = \frac{(71.8 - 64.8)}{46.9} = 0.15$$

$$I_c = 1 - I_L = 1 - 0.85 = 0.15\%$$

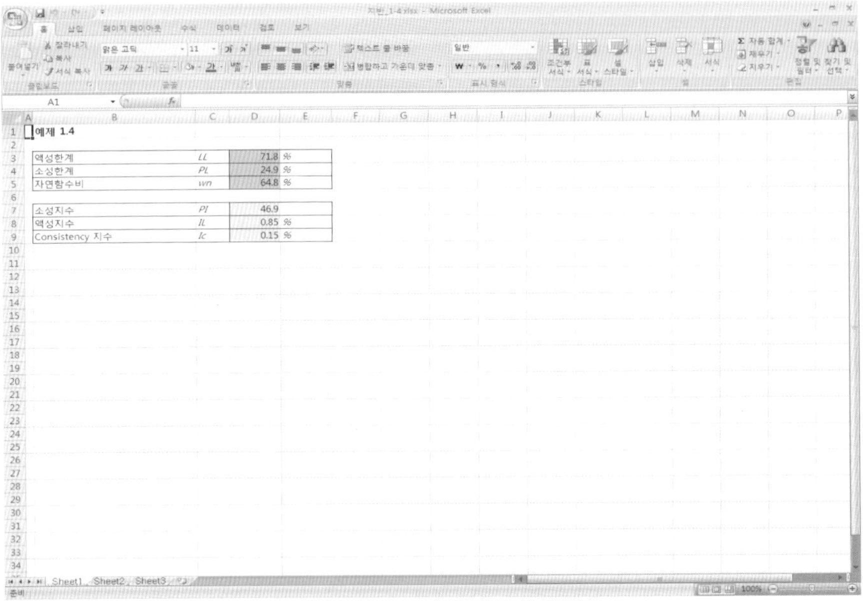

그림 1.12 예제 1.4 Excel 해답 예

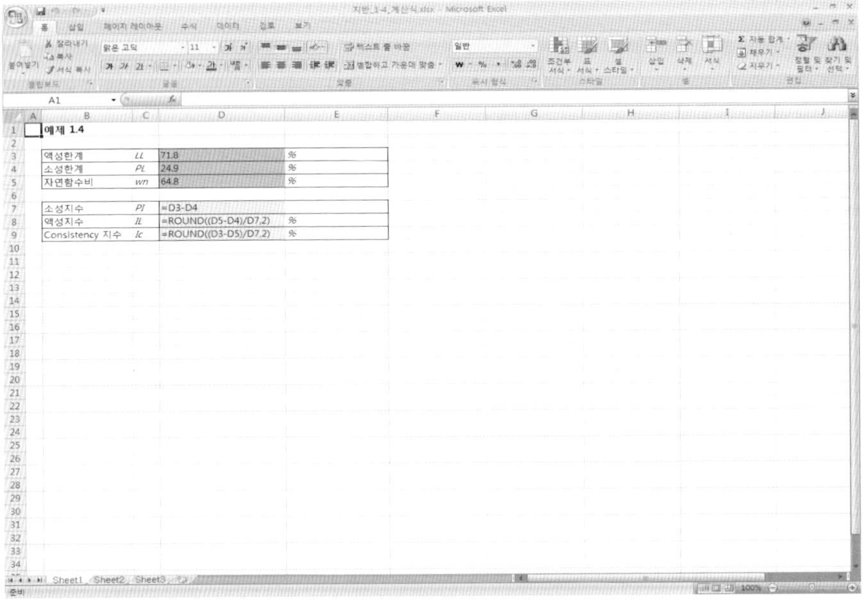

그림 1.13 예제 1.4 Excel 계산식

제 2 장

흙의 투수성

지반 내에 존재하는 물을 통틀어 토중수(soil water) 또는 지하수(ground water)라 한다. 우리나라는 일반적으로 지하수위가 높은데, 평지부에서는 지표면에서부터 1m~수십m 지하에 지하수면이 존재한다. 지하수면 아래에 있는 지반의 간극은 물로 채워진 포화상태이다. 이 흙 속에서 물이 이동하는 속도와 침투량은 건설공사에 있어서 문제가 되는 경우가 많다. 그림 2.1에는 실내에서 실시하는 비교적 투수성이 큰 시료에 대하여 사용하는 정수위투수시험(constant head permeability test)과 투수성이 낮은 곳에 사용하는 변수위투수시험(falling head permeability test)을 표시한 것이다. 이 시험 장치는 인공적으로 시료를 채운 공시체에 대하여 적용된다. 자연 상태의 지반을 대상으로 하는 경우는 원위치에서 실시하는 양수시험이나 현장투수시험이 적용된다.

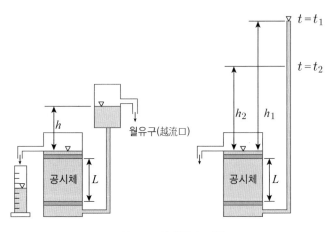

그림 2.1 실내투수시험

2.1 토중수의 분류

그림 2.2에 표시한 물의 형태에 의한 차이는 ① 중력수(gravitational water)는 빗물, 지표면의 저유수(貯留水) 등이 지하에 침투하여 중력의 작용에 의해 지하수면을 향하여 이동하는 물이다. ② 보유수(retained water)는 중력만으로는 이동할 수 없지만, 간극 또는 토입자의 표면에 유지되어 있는 물이다. ③ 모관수(capillary water)는 표면장력에 의하여 간극으로 유지되어 있는 물이며, 토입자 표면의 흡입력에 의하여 흡착되어 있는 물을 ④ 흡착수(adsorbed water)라고 한다. 여기에서는 ①의 중력수를 대상으로 한다.

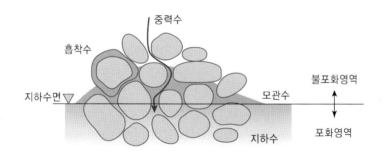

그림 2.2 토중수의 존재형태

2.2 수두와 지하수위

지하수는 전수두(total head)가 높은 지점에서 낮은 지점으로 흐른다. 수두 (water head)란, 그림 2.3에 표시한 것과 같이 물이 가지고 있는 에너지의 크기를 물기둥의 높이로 나타낸 것으로 길이의 차원을 갖는다.

전수두는 ① 위치수두(elevation head), ② 압력수두(pressure head), ③ 속도수두(velocity head)로 분류되지만, 일반적으로 지하수의 속도는 작기 때문에 ③의 속도수두는 무시할 수 있으므로 전수두는 다음 식으로 나타낼 수 있다.

$$h = \frac{p}{\gamma_w} + z \tag{2.1}$$

여기서, h : 전수두

p/γ_w : 압력수두

z : 위치수두(기준면에서의 높이)

p : 수압(간극수압)

γ_w : 물의 단위중량

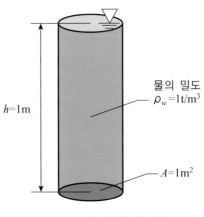

그림 2.3 수두에 있어서

그림 2.3에서 바닥면적 A가 받는 압력은 다음과 같이 나타낼 수 있다.

$$p = 1\,\text{m} \times 1\,\text{t/m}^3 = 1\,\text{t/m}^2 = 0.1\,\text{kg/cm}^2$$

이것을 SI단위로 환산하면 다음과 같다.

$$p = 1\,\text{t/m}^2 \times 9.81\,\text{m/s}^2 = 9.81\,\text{kN/m}^2 = 9.81\,\text{kPa}$$

따라서 전수두는 다음과 같이 표현할 수 있다.

$$h = \frac{p}{\rho_w}$$

2.3 Darcy법칙과 투수계수

토중수의 이동은 그 수두(토중수가 가지고 있는 에너지)의 경사와 흙의 투수성을 나타내는 Parameter에 따라서 정량적으로 취급할 수 있다. 그림 2.4와 같이 2본의 파이프에 수두차(수위차) h가 생기는 경우, 물은 좌측에서 우측방향으로 이동한다. 이 사이의 수두 변화량을 동수구배(hydraulic gradient)로 불리는데, 시료의 길이를 L로 하면 (2.2)식으로 나타낼 수 있다. 동수구배(i)는 물의 흐름에 대한 세기를 나타낸 것이다.

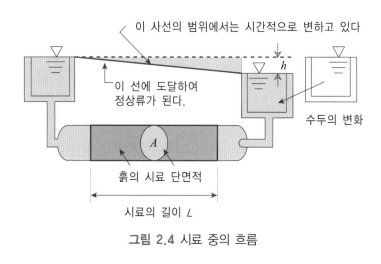

이 사선의 범위에서는 시간적으로 변하고 있다

이 선에 도달하여 정상류가 된다.

수두의 변화

A

흙의 시료 단면적

시료의 길이 L

그림 2.4 시료 중의 흐름

$$\text{동수구배 } i = \frac{h}{L} \tag{2.2}$$

Darcy는 동수구배와 흙속의 유속 v와의 사이에는 비례관계가 성립된다는 것을 발견하였다.

$$v = ki \text{ (cm/s)} \tag{2.3}$$

(2.3)식을 Darcy의 법칙(Darcy's law)이라 부르며, 지하수의 운동방정식으로 사용되고 있다. 그림 2.4 시료의 단면적을 A라고 하면, 이 시료에 흐르는 물

의 유량 Q는 다음 식으로 나타낼 수 있다.

$$Q = vA = kiA \ (\text{cm}^3/\text{s}) \tag{2.4}$$

식 중에서 비례정수 k는 투수계수(coefficient of permeability)라 하는데, 흙의 투수성에 대한 크기를 나타낸 것이다.

2.4 다층지반(성층지반)의 투수계수를 구하는 방법

지반은 그 생성과정에서 점토층, 모래층, 자갈층 등이 서로 겹쳐서 거의 수평으로 퇴적되어 있는 것으로 생각할 수 있다. 이 다층지반 전체의 수평면에 대하여 연직방향과 수평방향의 투수계수를 계산하는 방법은 다음과 같다.

2.4.1 다층지반의 수평방향 투수계수를 구하는 방법

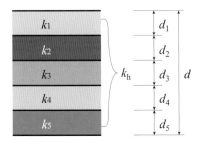

그림 2.5 다층지반 내의 평균투수계수(수평방향)

각각의 층에 대한 투수계수는 그림 2.5에 표시한 것과 같이 k_1에서 k_5이다. 수평방향으로 흐르고 있기 때문에 동수구배 i는 전부 같으므로, 각각의 층에 대한 유량 q_i를 구하여 수평방향 투수계수를 계산할 수 있다.

$$q_1 = k_1 \cdot i \cdot d_1, \ q_2 = k_2 \cdot i \cdot d_2, \cdots, \ q_5 = k_5 \cdot i \cdot d_5$$
$$Q = q_1 + q_2 \cdots + q_5 = \left(k_1 \cdot d_1 + k_2 \cdot d_2 + \cdots + k_5 \cdot d_5\right) \cdot i$$
$$Q = k_h \cdot i \cdot d, \ d = d_1 + d_2 + d_3 + d_4 + d_5$$
$$k_h = \frac{\left(k_1 \cdot d_1 + k_2 \cdot d_2 + \cdots k_5 \cdot d_5\right)}{d}$$

$$\therefore \ k_h = \frac{\sum\left(k_i \cdot d_i\right)}{\sum d_i} \tag{2.5}$$

여기서, k_h : 수평방향 투수계수

k_i : 각 층의 투수계수

d_i : 각 층의 두께

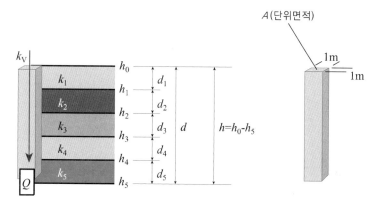

그림 2.6 다층지반 내의 평균투수계수(연직방향)

2.4.2 다층지반의 연직방향 투수계수를 구하는 방법

그림 2.6에 표시한 것과 같이 각각의 층을 통과하는 유량 Q는 일정하지만, 각각의 층에서 손실되는 수두는 다르기 때문에 단위면적(A) 내의 흐름을 고려하면 다음과 같다.

$$Q = k_1 \cdot \frac{h_0 - h_1}{d_1}, \ k_2 \cdot \frac{h_1 - h_2}{d_2}, \ \cdots, \ k_5 \cdot \frac{h_4 - h_5}{d_5}$$

$$\frac{Q \cdot d_1}{k_1} = h_0 - h_1, \ \frac{Q \cdot d_2}{k_2} = h_1 - h_2, \ \cdots, \ \frac{Q \cdot d_5}{k_5} = h_4 - h_5$$

위의 식을 정리하면 연직방향 투수계수는 다음과 같이 된다.

$$\frac{Q \cdot d_1}{k_1} + \frac{Q \cdot d_2}{k_2} + \cdots + \frac{Q \cdot d_5}{k_5} = h_0 - h_5$$

$$Q = \frac{h_0 - h_5}{\left(\dfrac{d_1}{k_1} + \dfrac{d_2}{k_2} + \cdots \dfrac{d_5}{k_5}\right)}$$

$Q = k_v \cdot i \cdot A$ 에서, $h_0 - h_5 = h$

$$k_v = \frac{h}{\left(\dfrac{d_1}{k_1} + \dfrac{d_2}{k_2} + \cdots \dfrac{d_5}{k_5}\right)} \times \frac{d}{h} \times \frac{1}{A(=1 \times 1)}$$

$$\therefore k_v = \frac{\sum d_i}{\sum \dfrac{d_i}{k_i}} \tag{2.6}$$

여기서, k_v : 연직방향 투수계수

k_i : 각 층의 투수계수

d_i : 각 층의 두께

2.5 정상류에 있어서 원위치의 투수계수를 구하는 방법

2.5.1 피압대수층

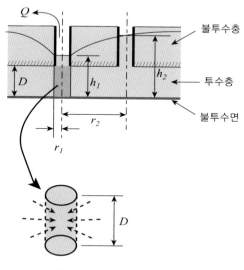

그림 2.7 피압대수층의 조건

그림 2.7은 정상류 아래의 피압대수층(confined aquifer)에 대한 조건을 나타낸 것이다.

$$Q = A \cdot v = 2\pi \cdot r \cdot D \cdot v$$
$$v = k \cdot i$$
$$Q = 2\pi \cdot r \cdot D \cdot k \cdot i = 2\pi \cdot r \cdot D \cdot k \cdot \frac{dh}{dr} \tag{2.7}$$

(2.7)식을 적분하면

$$\int dh = \frac{Q}{2\pi \cdot D \cdot k} \int \frac{1}{r} dr$$
$$H = \frac{Q}{2\pi \cdot D \cdot k} \log_e r + C \tag{2.8}$$

여기서, C는 적분상수이며, 경계조건은 다음과 같다.

$$\begin{cases} r = r_1, \ H = h_1 \\ r = r_2, \ H = h_2 \end{cases} \tag{2.9}$$

(2.8)식에 (2.9)식을 대입하면 적분상수 C를 구할 수 있다.

$$h_1 = \frac{Q}{2\pi \cdot D \cdot k} \ln r_1 + C \text{에서}$$

$$C = h_1 - \frac{Q}{2\pi \cdot D \cdot k} \ln r_1 \tag{2.10}$$

계속해서 (2.8)식에 (2.9)식과 (2.10)식을 대입하면 (2.11)식과 같이 피압대수
층의 투수계수를 계산할 수 있다.

$$h_2 = \frac{Q}{2\pi \cdot D \cdot k} \ln r_2 + h_1 - \frac{Q}{2\pi \cdot D \cdot k} \ln r_1$$

$$h_2 - h_1 = \frac{Q}{2\pi \cdot D \cdot k} \ln \frac{r_2}{r_1}$$

$$\therefore \ k = \frac{Q}{2\pi \cdot D \cdot (h_2 - h_1)} \ln \frac{r_2}{r_1} \tag{2.11}$$

2.5.2 불압대수층

불압대수층(unconfined aquifer)의 경우는 Dupuit의 가정을 기초로 계산식
이 전개된다. Dupuit의 가정이란, 불압지하수의 침투에 있어서 지하수위의 저
하량이 자연수위에 비하여 적을 때에 연직방향의 흐름은 수평방향과 비교하여
매우 작아지기 때문에 무시하는 것을 고려하는 방법이다.

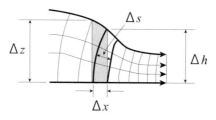

그림 2.8 Dupuit 가정의 설명

그림 2.8의 기호에 대하여 설명하면, (2.12)식과 같이 개략적으로 나타낼 수 있다.

$$v = k \cdot i = k \frac{\Delta h}{\Delta s} \cong k \frac{\Delta z}{\Delta x} \tag{2.12}$$

Dupuit의 가정을 만족하는 경우에 극단적으로 수위를 저하시키지 않는 것을 전제로 하면 다음과 같다.

$$Q = 2\pi \cdot r \cdot h \cdot v = 2\pi \cdot r \cdot h \cdot k \frac{dh}{dr}$$

$$\int h \cdot dh = \frac{Q}{2\pi \cdot k} \int \frac{1}{r} dr$$

$$\left[\frac{h_2^2}{2} \right]_{h_1}^{h_2} = \frac{Q}{2\pi \cdot k} \left[\log_e r \right]_r^{r_2}$$

$$\left(\frac{h_2^2}{2} - \frac{h_1^2}{2} \right) = \frac{Q}{2\pi \cdot k} \left[\log_e r_2 - \log_e r_1 \right]$$

$$\frac{1}{2} \left(h_2^2 - h_1^2 \right) = \frac{Q}{2\pi \cdot k} \ln \frac{r_2}{r_1}$$

$$\therefore \ k = \frac{Q}{2\pi (h_2^2 - h_1^2)} = \ln \frac{r_2}{r_1} \tag{2.13}$$

따라서 (2.13)식으로 투수계수를 구할 수 있다.

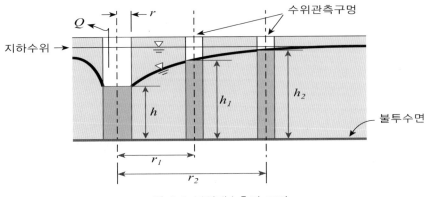

그림 2.9 불압대수층의 조건

예제 2.1

단면적 A를 사용하지 않고 간극율 n을 사용하여 투수계수를 계산하시오.

그림 2.10과 같이 2개의 구멍을 뚫어 상류 쪽에서 식염을 투입하였다. 식염을 투입한 후에 7시간이 경과한 후, 하류 쪽에 식염이 도달하였다. 이 지반의 투수계수를 구하라.

지반의 간극비는 e=0.88, 수위 차이 Δh=15cm이다. 또한, 이 방법은 트레이셔법(Tracer method) 중에서 식염법이라 부르고 있다.

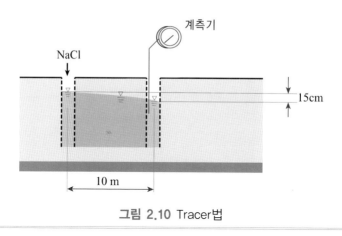

그림 2.10 Tracer법

식염은 물의 속도 v로 흐르므로 도달 시간을 t, 지반의 간극율을 n이라고 하면,

$$v = \frac{L}{t} = k\frac{\Delta h}{nL} \rightarrow k = \frac{nL^2}{\Delta ht}, \quad n = \frac{e}{1+e} \times 100 = \frac{0.88}{1.88} \times 100 = 46.8(\%)$$

따라서 투수계수는

$$k = \frac{0.468 \times 10^2}{0.15 \times 420} = 0.742 \, \text{m/min} = 1.24 \, \text{cm/s}$$

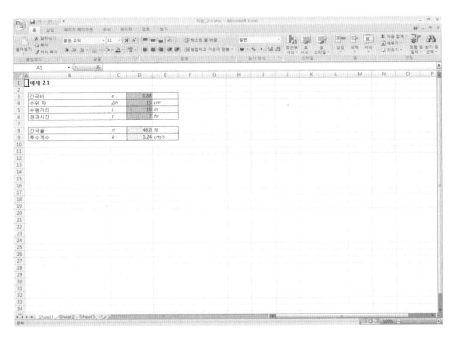

그림 2.11 예제 2.1 Excel 해답 예

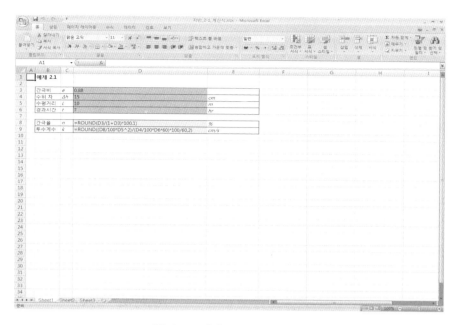

그림 2.12 예제 2.1 Excel 계산식

콘크리트 둑 아래에 투수층이 존재한다. 그림 2.13의 (a)와 (b)의 조건에 있어서 평균투수계수와 단위시간당의 길이방향 1m의 투수계수를 구하라.

여기서 k_1=1.2×10^{-2}cm/s, k_2=2.1×10^{-2}cm/s, k_3=1.5×10^{-3}cm/s이다.

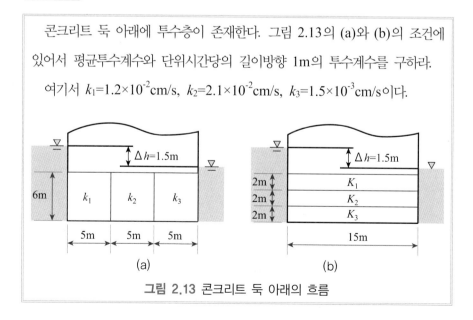

그림 2.13 콘크리트 둑 아래의 흐름

$$k_v = \frac{\sum d_i}{\sum \dfrac{d_i}{k_i}} = \frac{15}{\dfrac{5}{1.2 \times 10^{-2}} + \dfrac{5}{2.1 \times 10^{-2}} + \dfrac{5}{1.5 \times 10^{-3}}} = 3.76 \times 10^{-3}\ \text{cm/s}$$

$$Q = k_i \cdot A = 3.76 \times 10^{-3} \times \frac{1.5}{15} \times 600 \times 100 = 22.56\ \text{cm}^3/\text{s}$$

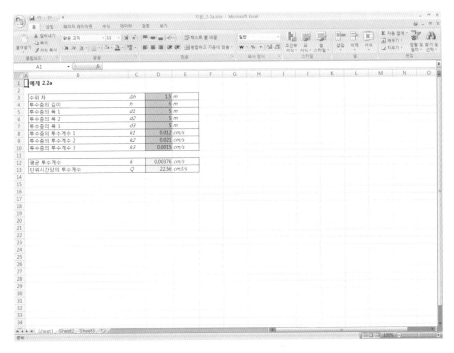

그림 2.14 예제 2.2(a) Excel 해답 예

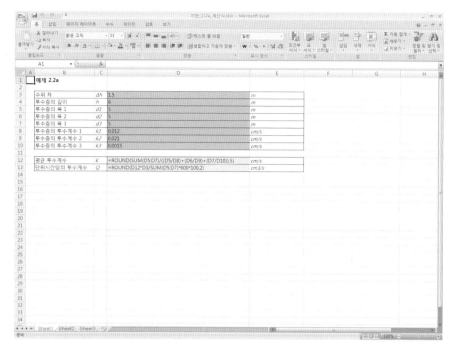

그림 2.15 예제 2.2(a) Excel 계산식

예제 2.2의 해답 (b) 케이스

$$k_h = \frac{\sum (k_i \cdot d_i)}{\sum d_i} = \frac{1.2 \times 10^{-2} \times 2 + 2.1 \times 10^{-2} \times 2 + 1.5 \times 10^{-3} \times 2}{6}$$

$$= 1.15 \times 10^{-2} \text{ cm/s}$$

$$Q = k_i \cdot A = 1.15 \times 10^{-2} \times \frac{1.5}{15} \times 600 \times 100 = 69 \text{ cm}^3/\text{s}$$

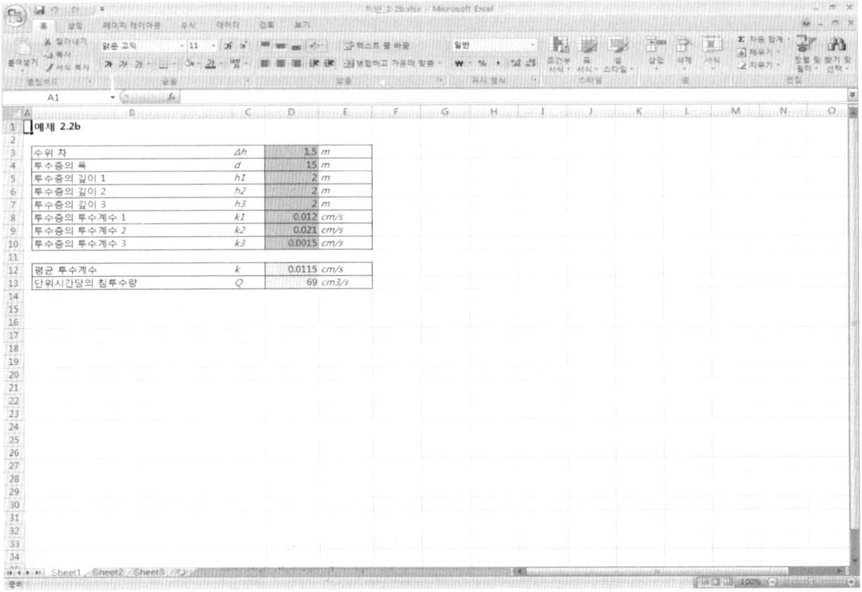

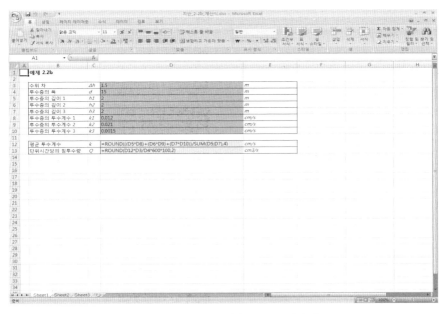

그림 2.16 예제 2.2(b) Excel 해답 예

그림 2.17 예제 2.2(b) Excel 계산식

   2종류의 서로 다른 시료를 가지고 투수시험을 하였다. 다음 질문에 답하시오.

① A면에 가해지는 수두는 얼마인가?

② 아래층을 통과하면서 수두의 40%가 손실되었다. B면을 밀어 올리려고
   하는 수두는 얼마인가?

③ 아래층의 투수계수는 4.0×10^{-2}cm/s이다. 단위시간당 단위면적을 통과하
   는 수량은 얼마인가?

④ 위층의 투수계수는 얼마인가?

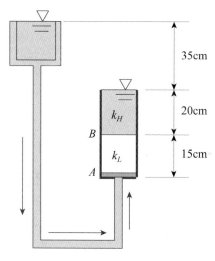

그림 2.18 2층 지반의 투수시험

① $h = 35 + 20 + 15 = 70\,\text{cm}$

② 장치 전체의 수두 차이는 35cm이므로 그 중에 40%가 손실되었기 때문에 h=35×0.4=14cm에서, h=35-14=21cm가 남는 수두, 이것 위의 층 높이 20cm를 더하여

$$h = 21 + 25 = 46\,\text{cm}$$

③ $Q=k_L \cdot i \cdot A$에서, A=1 cm²로 하면, 앞 문제에서 손실수두가 40%이므로

$$i = \frac{35 \times 0.4}{15} = 0.933$$
$$Q = 4.0 \times 10^{-2} \times 0.933 \times 1 = 3.73 \times 10^{-2}\,\text{cm}^3/\text{s}$$

④ 2개의 층은 하나의 흐름에 있으므로 위층의 동수구배는

$$i = \frac{0.6 \times 35}{20} = 1.05\ \text{이므로}$$

투수계수는 다음과 같다.

$$k_H = \frac{3.73 \times 10^{-2}}{1.05 \times 1} = 3.55 \times 10^{-2}\,\text{cm/s}$$

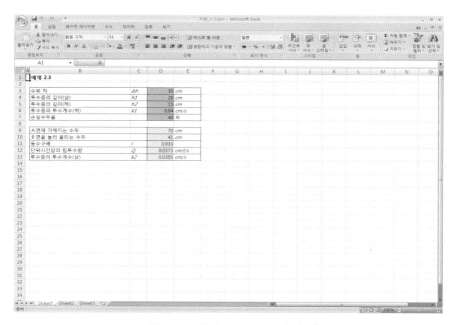

그림 2.19 예제 2.3 Excel 해답 예

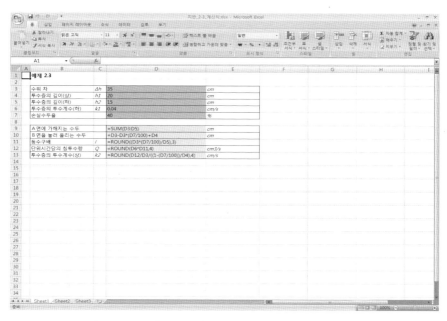

그림 2.20 예제 2.3 Excel 계산식

지반에 우물을 파서 퍼 올리는 곳에서 지하수위가 2.5m 저하하였다. 이 지반의 투수계수는 5×10⁻²cm/s이며, 굴착한 우물의 반경은 r=0.15m이다.

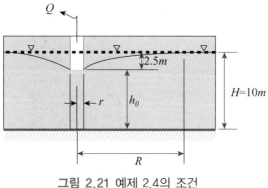

그림 2.21 예제 2.4의 조건

① Sichardt의 실험식을 이용하여 영향범위 R을 구하시오. S는 수위저하량, 투수계수는 m/s를 사용.

② 물을 퍼내기 전의 지하수위 높이를 H=10.0m로 하면 양수량은 얼마인가?

③ 0.7 m³/min 비율로 이 우물에서 양수한 경우에 지하수위는 얼마가 낮아 지는가?

① Sichardt의 영향범위 R

$$R = 3,000 \times S \times \sqrt{k}$$
$$= 3,000 \times 2.5 \times \sqrt{5 \times 10^{-4}} = 167.7\,\text{m}$$

② 양수 전의 지하수위 높이가 H=10.0m일 때의 양수량

$$k = \frac{Q}{\pi\left(H^2 - h_0^2\right)} \log_e \frac{R}{r}\ \text{에서}$$

$$Q = \frac{k\pi\left(H^2 - h_0^2\right)}{\log_e \dfrac{R}{r}}$$

$$= \frac{5 \times 10^{-4} \times \pi \times \left(10^2 - 7.5^2\right)}{\log_e\left(\dfrac{167.7}{0.15}\right)} = 9.79 \times 10^{-3}\,\text{m}^3/\text{s}$$

③ 0.7m³/min 비율로 이 우물에서 양수한 경우의 지하수위 저하 깊이

$$k = \frac{Q}{\pi\left(H^2 - h_0^2\right)} \log_e \frac{R}{r}\ \text{에서}$$

$$h_0 = \sqrt{H^2 - \frac{Q}{k\pi} \log_e \frac{R}{r}}$$

$$= \sqrt{10^2 - \frac{0.7/60}{5 \times 10^{-4}\pi} \log_e\left(\frac{167.7}{0.15}\right)} = 8.80\,\text{m}$$

따라서 수위는 10-8.80=1.20m 낮아진다.

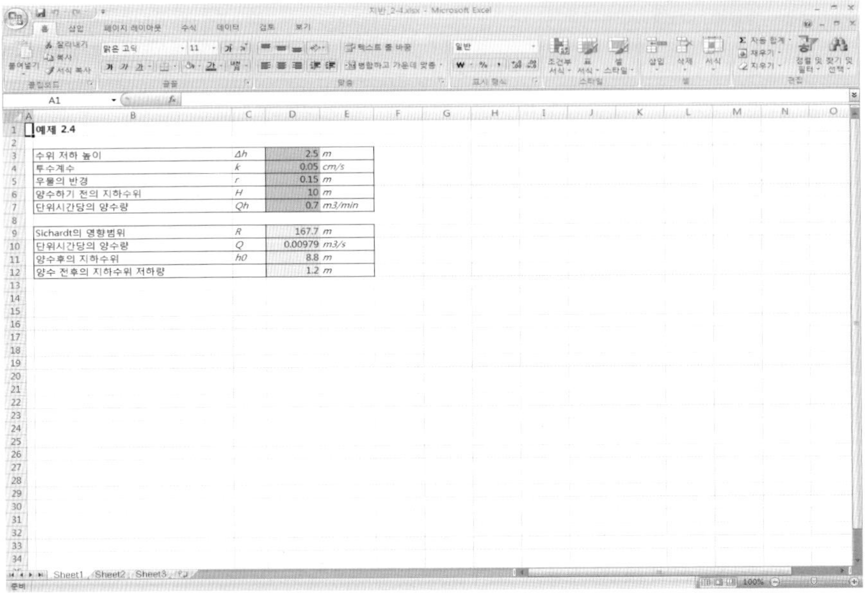
예제 2.4

수위 저하 높이	Δh	2.5	m
투수계수	k	0.05	cm/s
우물의 반경	r	0.15	m
양수하기 전의 지하수위	H	10	m
단위시간당의 양수량	Qh	0.7	m3/min

Sichardt의 영향범위	R	167.7	m
단위시간당의 양수량	Q	0.00979	m3/s
양수후의 지하수위	h0	8.8	m
양수 전후의 지하수위 저하량		1.2	m

그림 2.22 예제 2.4 Excel 해답 예

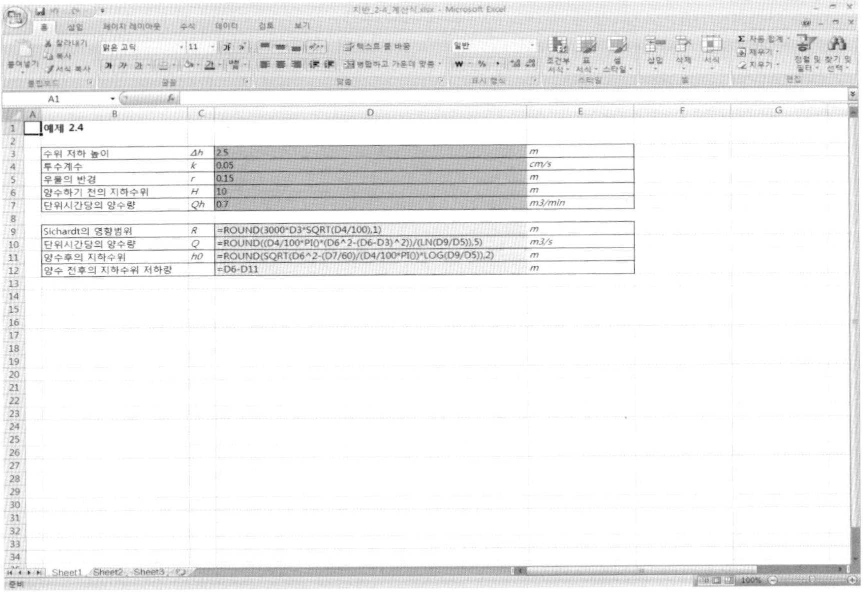
예제 2.4

수위 저하 높이	Δh	2.5	m
투수계수	k	0.05	cm/s
우물의 반경	r	0.15	m
양수하기 전의 지하수위	H	10	m
단위시간당의 양수량	Qh	0.7	m3/min

Sichardt의 영향범위	R	=ROUND(3000*D3*SQRT(D4/100),1)	m
단위시간당의 양수량	Q	=ROUND((D4/100*PI()*(D6^2-(D6-D3)^2))/(LN(D9/D5)),5)	m3/s
양수후의 지하수위	h0	=ROUND(SQRT(D6^2-(D7/60)/(D4/100*PI())*LOG(D9/D5)),2)	m
양수 전후의 지하수위 저하량		=D6-D11	m

그림 2.23 예제 2.4 Excel 계산식

그림 2.24 중앙의 구멍에서 물이 정상적(定常的, steady state)으로 방사 형태로 침투하고 있는 흐름을 생각한다. 중심에서 R의 거리만큼 떨어진 바깥에서의 수두는 0이다. 물을 공급하는 중앙의 원통 반경은 R과의 비를 나타내는 n을 사용하여 nR로 나타내고 있다. 이때의 침투계수를 산정하는 식을 표시하시오. 경계조건은 (2.11)식과 같다. 또한 R=3cm, n=0.3, H=100cm, d=2cm, Q=0.35cm^3/s 일 때의 투수계수를 구하시오.

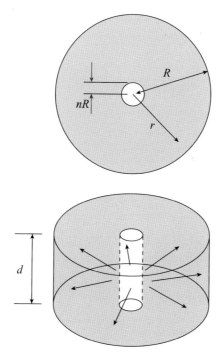

그림 2.24 중앙의 구멍에서 방사모양으로의 흐름

경계조건은

$$\begin{cases} r = nR, \; h = H \\ r = R, \; h = 0 \end{cases} \tag{2.14}$$

$Q = kiA$에서 $Q = -2\pi \cdot k(dh/dr)d$ 변수를 분리하여 적분으로 표시하면,

$$\int dh = -\frac{Q}{2\pi \cdot k \cdot d} \int \frac{dr}{r} \text{에서}$$

$$h = -\frac{Q}{2\pi \cdot k \cdot d} \log_e r + C \tag{2.15}$$

(2.15)식에 (2.14)식의 첫 번째 경계조건을 대입하면,

$$H = -\frac{Q}{2\pi \cdot k \cdot d} \log_e nR + C \text{에서}$$

$$C = H + \frac{Q}{2\pi \cdot k \cdot d} \log_e nR \tag{2.16}$$

(2.15)식에 (2.14)식의 두 번째 경계조건과 (2.16)식을 대입하면,

$$0 = -\frac{Q}{2\pi \cdot k \cdot d} \log_e R + H + \frac{Q}{2\pi \cdot k \cdot d} \log_e nR \text{에서}$$

$$H = \frac{Q}{2\pi \cdot k \cdot d} \log_e \frac{R}{nR} \text{이므로}$$

$$k = \frac{Q}{2\pi \cdot k \cdot d} \ln \frac{1}{n} \tag{2.17}$$

n, p, d에 실제의 값을 대입하면 투수계수 산정식은 보다 간단하게 구할 수 있다.

$$k = \frac{0.35}{2\pi \times 100 \times 2} \ln \frac{1}{0.3} = 3.35 \times 10^{-4} \text{ cm/s}$$

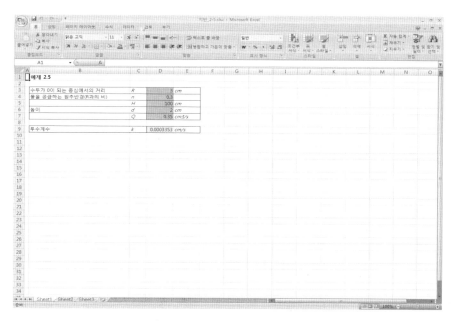

그림 2.25 예제 2.5 Excel 해답 예

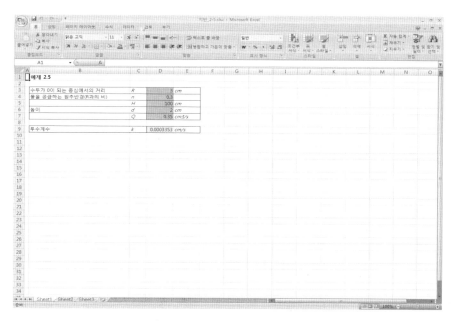

그림 2.26 예제 2.5 Excel 계산식

앞의 문제와 같은 조건의 흐름에 대하여 그림 2.27의 변수위법에 의해 투수계수를 구하는 식을 유도하시오

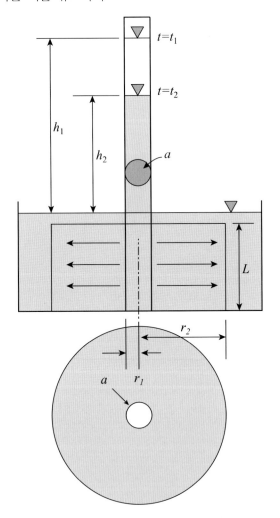

그림 2.27 변수위법에 의한 중앙의 구멍에서 방사 모양으로의 흐름

$$dq = 2\pi \cdot r \cdot L \cdot k \frac{h}{dr} dt$$

$$dq = -a \cdot dh$$

$$-a \cdot dh = 2\pi \cdot r \cdot L \cdot k \frac{h}{dr} dt$$

$$-\frac{1}{h} dh = \frac{2\pi \cdot r \cdot L \cdot k}{a} \cdot \frac{dt}{dr}$$

$$dq = 2\pi \cdot r \cdot L \cdot k \frac{h}{dr} dt$$

$$-\frac{1}{h} dh = \frac{2\pi \cdot r \cdot L \cdot k}{a} \cdot \frac{dt}{dr}$$

$$-\frac{1}{h} dh \cdot \frac{1}{r} dr = \frac{2\pi \cdot L \cdot k}{a} \cdot dt$$

$$-\int \frac{1}{h} dh \int \frac{1}{r} dr = \frac{2\pi \cdot L \cdot k}{a} \int dt$$

$$-\left[\log_e h\right]_{h_1}^{h_2} \left[\log_e r\right]_{r_1}^{r_2} = \frac{2\pi \cdot L \cdot k}{a} \left[t\right]_{t_1}^{t_2}$$

$$-\left(\log_e h_2 - \log_e h_1\right)\left(\log_e r_2 - \log_e r_1\right) = \frac{2\pi \cdot L \cdot k}{a} \left(t_2 - t_1\right)$$

$$\log_e \frac{h_1}{h_2} \log_e \frac{r_1}{r_2} = \frac{2\pi \cdot L \cdot k}{a} \left(t_2 - t_1\right)$$

$$k = \frac{a}{2\pi \cdot L\left(t_2 - t_1\right)} \log_e \frac{h_1}{h_2} \log_e \frac{r_1}{r_2}$$

예제 2.6

스탠드 파이프의 초기 수두 차	h1	50	cm
계측시의 스탠드 파이프의 수두 차	h2	5	cm
계측시간	Δt	30	sec
원주의 중심반경	r1	1	cm
시료의 반경	r2	8	cm
시료의 높이	L	10	cm
스탠드 파이프의 단면적	a	3.14	cm2
투수계수	k	0.0079761	cm/s

그림 2.28 예제 2.6 Excel 해답 예

예제 2.6

스탠드 파이프의 초기 수두 차	h1	50	cm
계측시의 스탠드 파이프의 수두 차	h2	5	cm
계측시간	Δt	30	sec
원주의 중심반경	r1	1	cm
시료의 반경	r2	8	cm
시료의 높이	L	10	cm
스탠드 파이프의 단면적	a	=ROUND(PI()*D6^2,2)	cm2
투수계수	k	=D10/(2*PI()*D8*D5)*LN(D3/D4)*LN(D7/D6)	cm/s

그림 2.29 예제 2.6 Excel 계산식

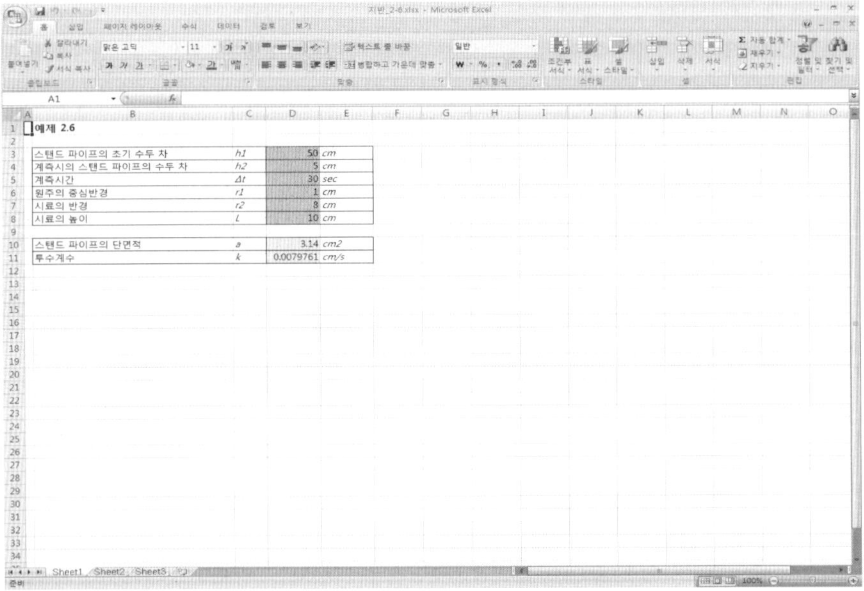

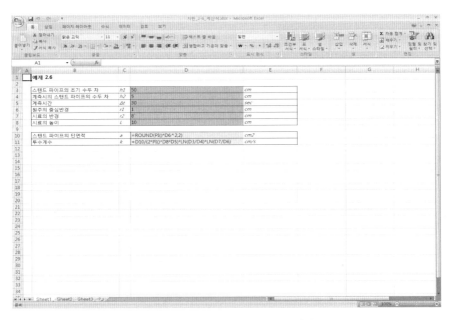

　흙은 토입자(soil particle)라 불리는 고체입자가 서로 접촉하여 집합한 것이다. 이 집합체는 토입자에 의하여 골조구조를 형성하는데, 그 틈 사이가 간극이라 불리는 공간으로 이 부분에 공기나 물이 존재한다. 그림 3.1은 깊이 z의 지표면에 평평한 면으로 되어 있는 토입자의 접촉부분을 표시하고 있다. 간극은 물로 채워져 있으므로 그 간극수압(pore water pressure)은 정수압과 같은 것으로 한다. z면에 있어서 단위면적당의 접촉부분의 개수는 n개이며, n개의 접촉면적의 합을 $\triangle A$라고 하고, 접촉부분에 가해지는 연직하중의 평균값을 q라고 하면, 단위면적당의 총 연직하중은 $nq+u(1-\triangle A)$가 된다. 이것을 전응력(total stress) σ라 한다. nq는 토입자 사이에 전달되는 힘으로 입자간 응력이라 한다. 이것을 σ'로 하면 $u(1-\triangle A)$는 단위면적당 같은 압력이 가해지고 있는 간극수압이며, $\triangle A$는 단위면적 1에 대하여 매우 작은 면적이라고 생각되므로 $\triangle A=0$

으로 하면, $\sigma=\sigma'+u$라고 하는 관계를 얻는다. 이 입자간 응력인 σ'가 유효응력 (effective stress)이라고 하는 것으로, 체적변화나 흙의 마찰저항에 직접 유효 하게 작용하는 응력이다. 일반적으로 유효응력을 직접 측정하는 것은 곤란하므 로 전응력이나 간극수압을 계산하거나 계측하여 그 차이에 의하여 구한다.

$$\sigma'=\sigma-u \qquad\qquad (3.1)$$

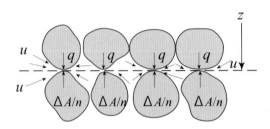

그림 3.1 유효응력의 개념도

3.1 유효응력

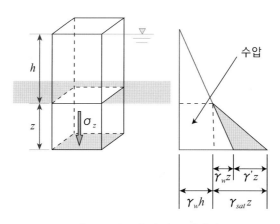

그림 3.2 유효응력의 고려방법

구체적으로 유효응력을 설명하기 위하여 그림 3.2의 왼쪽과 같은 지반을 생각해 보자. 이것은 호수의 바닥에 퇴적한 지반을 예상할 수 있다. 수면에는 바람도 없고 평온한 정수상태이다. 수면에서 지표면까지의 수심을 h라고 할 때에, 지표면에서 깊이 z 위치의 유효응력 σ_z'를 구해보면, 전응력 σ_z는 흙의 포화단위중량을 γ_{sat}, 물의 단위중량을 γ_w로 하면, $\sigma_z = \gamma_{sat} + \gamma_w h$가 된다. 지표면에서 깊이 z까지의 간극수압은 $\gamma_w(h+z)$이므로 유효응력은

$$\sigma_z' = \gamma_{sat} \cdot z + \gamma_w \cdot h - \gamma_w(h+z) = \gamma_{sat} \cdot z + \gamma_w \cdot z \qquad (3.2)$$

이 된다. 흙의 수중단위중량 γ'에 주의하면

$$\sigma_z = \gamma_{sat} \cdot z - \gamma_w \cdot z - \gamma' z + \gamma_w \cdot z - \gamma_w \cdot z = \gamma' z \qquad (3.3)$$

가 되며, 유효응력은 그림 3.2 오른쪽에 표시한 색칠한 부분이 된다. 즉, 유효응력은 각 층의 깊이를 Δz로 하면 다음 식으로 나타낼 수 있는데, 여기서 γ 대

신에 지하수면보다 위에는 γ_t를, 지하수면보다 아래는 γ'를 각각 대입하여 계산할 수 있다.

$$\sigma' = \sum \gamma \cdot \Delta z \qquad (3.4)$$

또, 지중의 어느 위치에 있어서 그 위에 존재하는 흙의 자중에 의해 생기는 연직응력을 토괴압(overburden pressure)이라 한다. 보통 유효응력으로 표시되지만, 전응력으로 표시하는 경우도 드물게 있다. 토괴압은 압밀침하량을 구할 때에 초기의 응력상태나 토압계산에 사용된다.

3.2 흐르는 곳에서의 유효응력

간극수에 흐름이 생기는 곳에서의 유효응력에 대하여 생각해 보자. 그림 3.3
은 그 설명도이다. 흙이 들어 있는 용기의 주면마찰은 무시한다. a-a면에 작용
하고 있는 상향의 흐름에 있어서 수두차를 $H=h_1+h_2+L$로 하면, 흙 시료에는 그
것을 위쪽 방향으로 밀어 올리려고 하는 힘이 생겨 그 수압은 $\gamma_w(h_1+h_2+L)A$이
다. 한편 b-b면에 작용하고 있는 수압은 $\gamma_w h_2 A$로 양쪽의 차이가 흐름에 따라
서 생기는 침투력(seepage force) J이며, 이것은 체적력(volume force)으로 작
용하는데, 이 단위체적당의 침투력을 투수력(permeability force) j라 한다. a-a
면의 침투력(J)은

$$J = \gamma_w \cdot A(h_1 + L) - \gamma_w \cdot A \cdot L = \gamma_w \cdot A \cdot h_1 \text{ 이므로}$$

이때에 동수구배를 $i = \dfrac{h_1}{L}$로 하면 침투력과 투수력은 다음과 같이 된다.

$$J = \gamma_w \cdot A \cdot h_1 = \gamma_w \cdot A \cdot i \cdot L \tag{3.5}$$

$$j = \frac{J}{A \cdot L} = \gamma_w \cdot i \tag{3.6}$$

또, 침투력을 단위면적당으로 나타낸 것을 침투수압(seepage water pressure)
이라 하는데 물이 흐르는 곳에 있어서 유효응력을 구할 때에 필요하게 된다.

$$u = \frac{J}{A} = \gamma_w \cdot i \cdot L \tag{3.7}$$

그림 3.3에 표시한 흐름은 시료를 아래에서 위쪽으로 들어 올리는 것과 같은
흐름이므로 흙의 수중단위중량 γ'는 감소하며, 역으로 아래쪽으로의 흐름은 흙
의 수중단위중량 γ'가 증가하는 결과가 된다. 즉, 움직이는 쪽은 흐름의 방향과
일치한다. 위쪽으로 움직이는 힘과 아래쪽으로 움직이는 힘이 평형을 이루어 평

형상태에 있을 때의 동수구배를 한계동수구배(critical hydraulic gradient) i_c라 한다.

$$i_c = \frac{\gamma'}{\gamma_w} = \frac{\rho_s - \rho_w}{1+e} \tag{3.8}$$

또한, 자연적으로 퇴적한 지반에서 수평방향(평행방향)으로 흐르는 것과 같은 흐름이 있는 곳에서는 이 흐름이 유효응력에 영향을 주지 않는다.

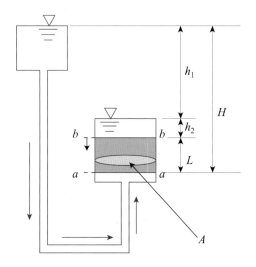

그림 3.3 침투류 중에서의 유효응력

3.3 압밀응력과 유효응력

지반 위에 새로운 하중이 가해지면 포화된 흙에는 증가된 하중만큼의 응력이 전달된 직후에 우선, 그 증가한 하중은 간극수압이 받는데, 이 증가한 수압을 과잉간극수압(excess pore water pressure)이라 한다. 과잉간극수압이 생긴 부분의 지반과 생기지 않은 부분에서는 수위차이(수두차이)가 존재하므로 간극수가 이동한 결과가 된다. 간극 중에서 수분이 배수되면 그와 동시에 증가한 응력은 토입자에 전달될 때 유효응력으로 작용하게 된다. 배수속도는 지반의 투수성에 좌우되는데 투수성이 큰 모래지반에서는 단기간에 종료되고, 점성토지반에서는 투수성이 작기 때문에 간극수의 이동에 긴 시간이 필요하게 된다. 유효응력의 크기에 의한 영향은 압밀침하나 전단강도의 내용과도 밀접한 관계가 있다.

건조한 모래가 퇴적된 지반과 이것이 수면 아래(수중)에 있는 지반이 있다. 5m 깊이의 지점에 있어서 각각의 전응력과 유효응력을 구하시오.

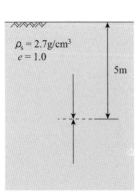

$\rho_s = 2.7\,\text{g/cm}^3$
$e = 1.0$

5m

(a) 지하수위가 없는 케이스

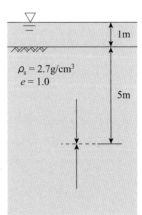

1m

$\rho_s = 2.7\,\text{g/cm}^3$
$e = 1.0$

5m

(b) 지반이 물에 잠겨 있는 케이스

그림 3.4 예제 3.1의 조건

(a)의 모래에 대한 건조밀도는

$$\rho_d = \frac{\rho_s}{1+e} = \frac{2.7}{1+1.0} = 1.35\,(\text{g/cm}^3) = 1.35\,(\text{t/m}^3)$$

이것을 건조단위중량으로 변환하면

$$1.35\,(\text{t/m}^3) \times 9.81\,(\text{m/s}^2) = 13.24\,(\text{kN/m}^3)$$

따라서 전응력 σ는

$$\sigma = 13.24 \times 5 = 66.2\,(\text{kN/m}^2)$$

여기서 유효응력 σ'는 전응력 σ와 같다.

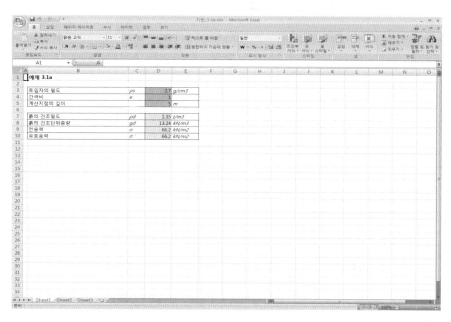

그림 3.5 예제 3.1(a) Excel 해답 예

그림 3.6 예제 3.1(a) Excel 계산식

(b)의 모래에 대한 건조밀도는

$$\rho_d = \frac{\rho_s + e}{1+e} = \frac{2.7+1.0}{1+1.0} = 1.85 \, (\text{g/cm}^3) = 1.85 \, (\text{t/m}^3)$$

이것을 건조단위중량으로 변환하면

$$1.85 \, (\text{t/m}^3) \times 9.81 \, (\text{m/s}^2) = 18.15 \, (\text{kN/m}^3)$$

전응력 σ는

$$\sigma = 18.15 \times 5 + 1.0 \times 9.81 = 100.56 \, (\text{kN/m}^2)$$

유효응력 σ'는

$$\sigma' = 100.56 - 6.0 \times 9.81 = 41.7 \, (\text{kN/m}^2)$$

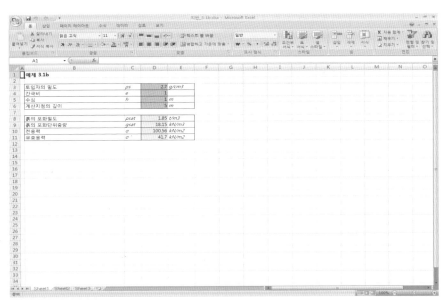

그림 3.7 예제 3.1(b) Excel 해답 예

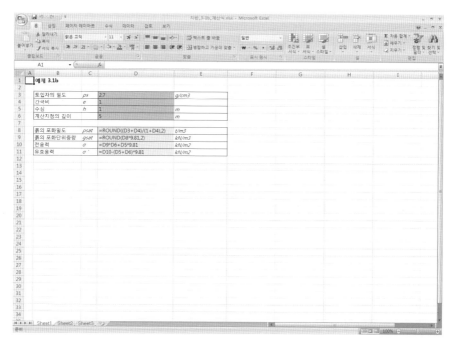

그림 3.8 예제 3.1(b) Excel 계산식

예제 3.2

　그림 3.9와 같은 수조에서 침투수가 아래에서 위로 향하여 흐르고 있다. 시료의 투수계수는 $k_s = 1.0 \times 10^{-1}(\text{cm/s})$이며, 단위시간당의 침투수량은 $3,800(\text{cm}^3/\text{s})$이다. 시료의 포화단위중량은 $19.2(\text{kN/m}^3)$, 수중단위중량은 $9.4(\text{kN/m}^3)$이며 수조의 단면적은 $10(\text{m}^2)$일 때,

① $B\text{–}B$단면의 수두는 얼마인가?

② P점의 전응력과 유효응력은 얼마인가?

③ 침투수가 멈추어 정수압으로 될 때의 P점의 전응력과 유효응력은 얼마인가?

④ $B\text{–}B$단면의 수두가 얼마가 되면 Quicksand 현상이 발생하는가?

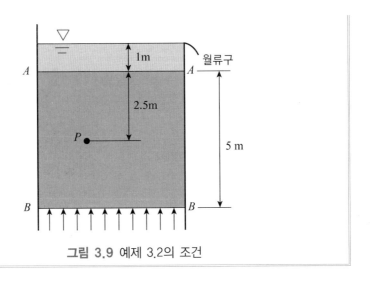

그림 3.9 예제 3.2의 조건

① B-B단면의 수두

$Q = k \cdot i \cdot A$ 에서

$$i = \frac{Q}{k \cdot A} = \frac{3,800}{1 \times 10^{-1} \times 100,000} = 0.38$$

$$i = 0.38 = \frac{H}{L} = \frac{H}{5.0}$$ 에서
$$H = 0.38 \times 5.0 = 1.9 \,(\text{m})$$

따라서

$$h = 5.0 + 1.0 + 1.9 = 7.9 \,(\text{m})$$

② P점의 전응력과 유효응력

전응력 : σ

$$\sigma = 19.2 \times 2.5 + 9.81 \times 1.0 = 57.81 \,(\text{kN/m}^2)$$

유효응력 : σ'

$$\sigma' = 57.81 - 9.81 \times \left(3.5 + \frac{1.9}{5.0} \times 2.5\right) = 14.16\,(\text{kN/m}^2)$$

③ 침투수가 멈추어 정수압으로 될 때의 P점의 전응력과 유효응력

전응력 : σ

$$\sigma = 19.2 \times 2.5 + 9.81 \times 1.0 = 57.81\,(\text{kN/m}^2)$$

유효응력 : σ'

$$\sigma' = 57.81 - 9.81 \times 3.5 = 23.48\,(\text{kN/m}^2)$$

④ 한계동수구배

$$i = \frac{\gamma'}{\gamma_w} = \frac{9.4 \times 5}{1 \times 9.81} = 4.79\,(\text{m})$$

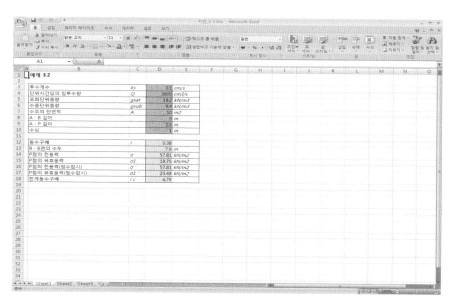

그림 3.10 예제 3.2 Excel 해답 예

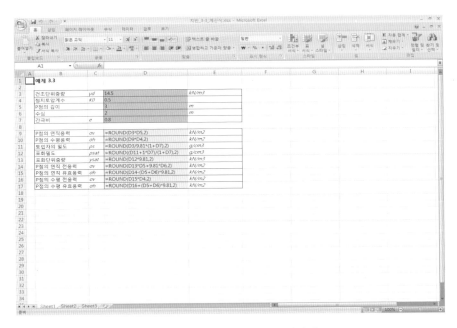

그림 3.11 예제 3.2 Excel 계산식

그림 3.12와 같은 흙 상자에 건조한 모래가 담겨 있다. 건조단위중량은 γ_d=14.5kN/m^3 (1.478g/cm^3)이다. 또, 정지토압계수는 K_0=0.5이다.

① P점의 연직방향과 수평방향의 응력을 계산하시오.

② 흙 상자에 물을 채워 수면을 모래의 표면에서 2m에 이르도록 하였다. 이 모래의 간극비는 e=0.8이다. 포화단위중량을 구하시오. P점에 있어서 연직방향과 수평방향의 전응력과 유효응력을 각각 구하시오(정지토압계수는 정지 상태에 있는 흙의 수평방향의 압력과 토괴압과의 비이다).

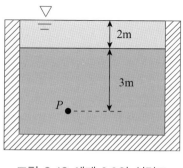

그림 3.12 예제 3.3의 설명도

① P점의 연직방향과 수평방향의 응력

$$\sigma_v = 14.5 \times 3 = 43.5 \, (\text{kN/m}^2)$$
$$\sigma_h = 43.5 \times 0.5 = 21.75 \, (\text{kN/m}^2)$$

② 포화단위중량

$$e = \frac{\rho_s}{\rho_d} - 1 \text{에서}$$
$$\rho_s = \rho_\circ(1 + e) = 1.478 \times (1 + 0.8) = 2.66 \, (\text{g/cm}^3)$$
$$\rho_{sat} = \frac{\rho_s + \rho_w \cdot e}{1 + e} = \frac{2.66 + 0.8}{1.8} = 1.92 \, (\text{g/cm}^3)$$
$$\therefore \gamma_{sat} = 1.92 \times 9.81 = 18.84 \, (\text{kN/m}^3)$$

③ ②의 전응력과 유효응력

$$\sigma_v = 18.84 \times 3 + 1 \times 9.81 \times 2 = 76.14 \, (\text{kN/m}^2)$$
$$\sigma'_v = 76.14 - (2 + 3) \times 9.81 = 27.09 \, (\text{kN/m}^2)$$
$$\sigma_h = 27.09 \times 0.5 = 13.55 \, (\text{kN/m}^2)$$
$$\sigma'_h = 13.55 + (2 + 3) \times 9.81 = 62.6 \, (\text{kN/m}^2)$$

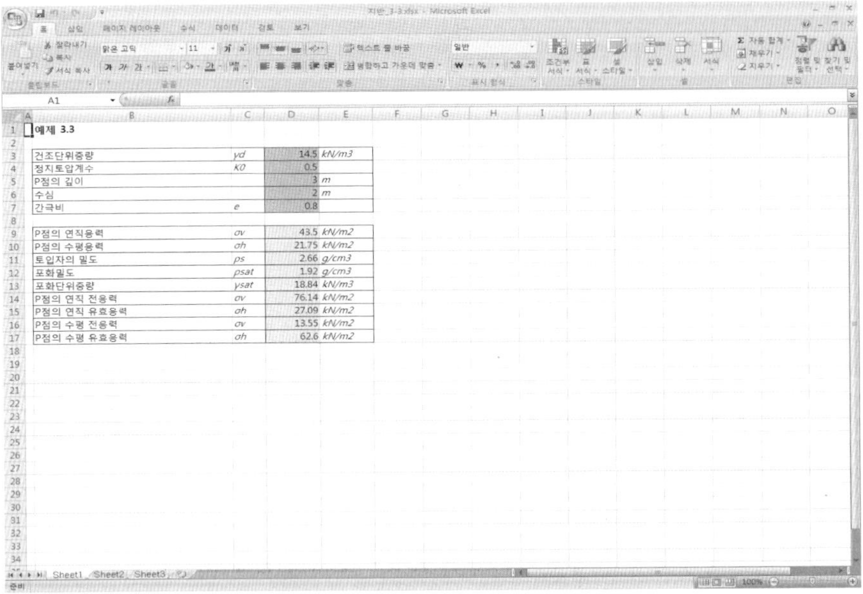

그림 3.13 예제 3.3 Excel 해답 예

예제 3.3			
건조단위중량	yd	14.5	kN/m3
정지토압계수	K0	0.5	
P점의 깊이		3	m
수심		2	m
간극비	e	0.8	
P점의 연직응력	ov	43.5	kN/m2
P점의 수평응력	oh	21.75	kN/m2
토입자의 밀도	ps	2.66	g/cm3
포화밀도	psat	1.92	g/cm3
포화단위중량	ysat	18.84	kN/m3
P점의 연직 전응력	ov	76.14	kN/m2
P점의 연직 유효응력	oh	27.09	kN/m2
P점의 수평 전응력	ov	13.55	kN/m2
P점의 수평 유효응력	oh	62.6	kN/m2

그림 3.13 예제 3.3 Excel 해답 예

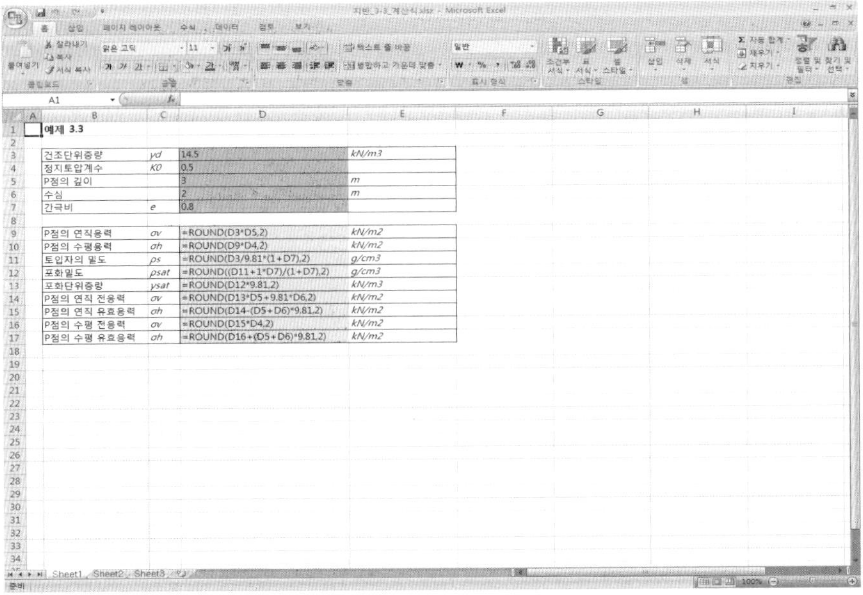

그림 3.14 예제 3.3 Excel 계산식

예제 3.3			
건조단위중량	yd	14.5	kN/m3
정지토압계수	K0	0.5	
P점의 깊이		3	m
수심		2	m
간극비	e	0.8	
P점의 연직응력	ov	=ROUND(D3*D5,2)	kN/m2
P점의 수평응력	oh	=ROUND(D9*D4,2)	kN/m2
토입자의 밀도	ps	=ROUND(D3/9.81*(1+D7),2)	g/cm3
포화밀도	psat	=ROUND((D11+1*D7)/(1+D7),2)	g/cm3
포화단위중량	ysat	=ROUND(D12*9.81,2)	kN/m3
P점의 연직 전응력	ov	=ROUND(D13*9.81*D6,2)	kN/m2
P점의 연직 유효응력	oh	=ROUND(D14-(D5+D6)*9.81,2)	kN/m2
P점의 수평 전응력	ov	=ROUND(D15*D4,2)	kN/m2
P점의 수평 유효응력	oh	=ROUND(D16+(D5+D6)*9.81,2)	kN/m2

그림 3.14 예제 3.3 Excel 계산식

제 4 장
흙의 압밀

흙이 외력을 받으면 그 간극에서 공기나 물이 배출되어 토입자의 간극이 조밀하게 되고 체적이 감소한다. 이것을 압밀변형(consolidation strain)이라 한다 (다짐이나 전압에 의한다). 이것에 대하여 포화된 흙에 외력이 어느 시간 동안 지속적으로 가해질 때에 발생하는 흙의 압축을 압밀(consolidation)이라 한다. 이 압축된 변형량을 침하량이라 한다. 모래의 경우는 투수성이 커서 하중이 가해지면 동시에 압밀(압축)이 종료되고 침하하는 양도 적어진다. 한편, 실트나 점토에서는 투수성이 작기 때문에 장기간에 걸쳐 압밀침하가 지속되고 침하량도 커진다. 따라서 압밀은 점성토를 대상으로 생각하면 실제로는 문제가 없다. 그림 4.1에는 연약지반의 압밀에 요하는 시간을 단축하여 안정된 지반으로 개량하기 위한 공법인 샌드 드레인(Sand drain)을 사용한 연약지반개량공법을 표시하였다. 투수성이 큰 모래지반을 점토층에 타설하고, 배수거리를 짧게 하여 압밀현상을 촉진시키는 것이다.

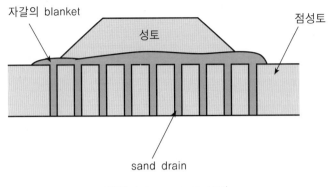

그림 4.1 sand pile공법

4.1 압밀과정

포화된 점토지반에 재하할 때에 즉, 전응력이 증가할 때에는 유효응력의 평형을 이루는 식에 의해 간극수압이 증가한다.

$$\left(\text{전응력 } \sigma\right) = \left(\text{유효응력 } \sigma'\right) + \left(\text{간극수압 } u_w\right)$$

이 증가한 간극수압을 과잉간극수압(excess pore water pressure)이라 한다. Terzaghi가 처음으로 이 개념을 도입하여 압축이론을 정리하였다. 증가한 과잉 간극수압과 대수층 내의 간극수압과의 수위 차이에 의하여 물이 이동하여 압축 배수가 시작된다.

4.2 압밀시험

압밀침하량과 침하시간을 추정할 때에 현지에서 교란되지 않은 시료를 채취하여 실내에서 하는 시험이 압밀시험(consolidation test)이다. 직경 6cm, 높이 2cm의 점토시료를 상하 배수가 가능한 상태에서 위에서 하중을 가한다. 하중단계는 4.9, 9.8, 19.6, 39.2, 78.5, 157, 314, 628, 1,256kN/m²로 각각의 단계에서 24시간 같은 하중을 가해서 침하량과 시간의 관계를 계측한다.

압밀시험에서 얻어지는 압밀정수는 압밀계수(coefficient of consolidation) c_v, 체적압축계수(coefficient of volume compressibility) m_v, 압축지수(compression index) C_c와 선행압밀압력(preconsolidation pressure) p_c가 있다.

4.2.1 압밀계수(coefficient of consolidation)

압밀시험에서 계측한 침하량과 시간의 관계에서 침하량을 세로축에, 시간 축을 가로($\sqrt{t}$)로 하여 그린다. 이 결과에서 압밀도 90%(압밀이 완전히 종료되었을 때, 그 90%가 끝난 상태를 말한다)에 상당하는 시간 t_{90}이 구해진다. 같은 계측결과를 반대수(半對數) 눈금으로 그린 경우는 곡선정수를 위에서부터 맞혀 가장 곡선이 길게 겹쳐지는 것이 깊이다. 이 결과에서는 압밀도 50%의 t_{50}이 구해진다. 전자를 $\sqrt{t}$법(square root of time fitting method), 후자를 곡선정규법(curve ruler method)이라 한다. 다음 식에서 각각의 하중단계에 대한 압밀계수가 얻어진다.

$$c_v = \frac{T_v \cdot H^2}{t_{90}} = \frac{0.848 \times (h/2)^2}{t_{90}}, \quad c_v = \frac{T_v \cdot H^2}{t_{50}} = \frac{0.197 \times (h/2)^2}{t_{50}} \quad (4.1)$$

h는 각 하중에서 24시간 재하 종료시점의 시료의 두께이며, 양쪽 면에서 배

수가 되고 있으므로 배수거리는 1/2이 된다. T_v는 시간계수(time factor)라 부르는데, 간극수압의 분포상황이나 배수조건에 따라 미리 이론식에 의하여 계산한 결과를 사용하고 있다.

4.2.2 체적압축계수(coefficient of volume compressibility)

이것은 축방향의 변형과 하중증가분의 비를 나타낸다. 압밀시험에서는 단면적이 일정하므로 체적변형과 압축변형은 같다. 따라서 다음 관계를 얻는다.

$$m_v = \frac{\varepsilon_v}{\Delta p} = \frac{\frac{\Delta V}{V}}{\Delta p} = \frac{\frac{\Delta h}{h}}{\Delta p} = \frac{\varepsilon}{\Delta p} \tag{4.2}$$

이 m_v를 이용하여 침하량을 계산할 수 있다(m_v method).

4.2.3 압축지수(compression index)

침하량에서 시료의 간극비가 구해진다. 각 하중단계에서의 간극비의 비와 압밀압력을 그린 것이 $e{\sim}\log p$ 곡선($e{\sim}\log p$ curve)이다. 이 곡선에서 급격히 하강한 부분의 경사를 압축지수 C_c라 한다. 이 값을 사용한 것과(C_c법), 이 간극과 하중의 단계와의 관계에서 각각의 압밀침하량을 계산할 수 있다($e{\sim}\log p$ method).

4.2.4 선행압밀압력(preconsolidation pressure)

$e{\sim}\log p$ 곡선에서 최대곡률을 구해서 선행압밀압력(또는 압밀항복응력(consolidation yield stress)이라 한다)을 계산할 수 있다. 선행압밀압력이 의미하는 것은 압축시험을 하기 위해서 현지에서 채취한 시료는 그 채취한 위치에서 그 현

지토의 단위중량을 알고 있으면 토괴압(overburden pressure)이 계산된다. 이 토괴압과 선행압밀압력이 같은 경우를 정규압밀점토(normally consolidation clay)라고 한다. 선행압밀압력이 토괴압보다 큰 경우는 이 흙은 과거에 지금보다 흙이 더 두껍게 퇴적되어 있었거나 큰 하중을 받았던 것임을 나타내는데, 과압밀점토(over consolidation clay)라 부른다. 이것은 침하량을 추정할 때에 중요하다.

지반 위에 구조물을 만들 때에 압밀침하를 검토하는 지반의 선행압밀압력이 구조물의 무게보다 커지게 되면, 구조물을 구축하여도 아무런 영향이 없게 된다. 이 방법에서 프리로딩공법(pre-loading method)이 고안되었다. 이 공법은 구조물을 구축하는 지반에 미리 구조물과 같은 것 또는 그것 이상의 하중(성토)을 재하여 건설 전에 압밀침하를 시켜서 지반을 강화하고, 그 후에 이 하중을 제거하여 구조물을 구축하는 것이다.

4.3 지반침하의 문제점

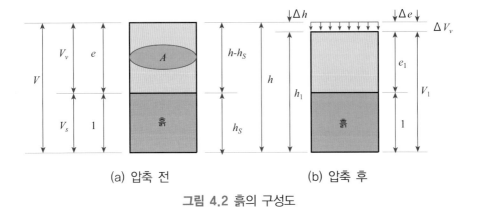

(a) 압축 전   (b) 압축 후

그림 4.2 흙의 구성도

지반의 압밀을 문제로 할 때에는 ① 최종적인 침하량은 얼마인가? ② 그것에 도달할 때까지의 시간은 얼마나 걸리는가? 의 2가지이다.

침하량을 구하는 방법은 전술한 3가지의 방법이 있다. 이 관계를 설명한 것이 그림 4.2인데, 이 기호를 사용하면 그림 4.2(a)의 하중이 재하되기 전의 구성도의 높이 h, 토입자의 부분 높이를 h_s로 하면, 간극비 e는 (4.3)식으로 나타낼 수 있다.

$$e = \frac{V_V}{V_S} = \frac{h \cdot A - h_s \cdot A}{h_s \cdot A} = \frac{h}{h_s} - 1 \tag{4.3}$$

한편, 하중이 재하되어 간극비의 변화(침하량) $\triangle h$가 생긴 그림 4.2(b)에는 그 전체의 높이가 h_1이 되므로 간극비 e_1은 다음과 같이 된다.

$$e_1 = \frac{h_1 \cdot A - h_s \cdot A}{h_s \cdot A} = \frac{h_1}{h_s} - 1 \tag{4.4}$$

양쪽 식의 차이가 감소한 간극비량이며,

$$\Delta e = e - e_1 = \left(\frac{h}{h_s} - 1\right) - \left(\frac{h_1}{h_s} - 1\right) = \frac{h - h_1}{h_s} = \frac{\Delta h}{h_s}$$

$e = \dfrac{h}{h_s} - 1$ 에서

$h_s = \dfrac{h}{1+e}$ 이므로

$$\frac{\Delta h}{h_s} = \frac{\Delta h(1+e)}{h} = \Delta e \tag{4.5}$$

따라서

$$\Delta h = \frac{e - e_1}{1+e} h = \frac{\Delta e}{1+e} h$$

가 된다.

실제 지반의 두께를 H, 침하량을 S라고 하면, $\Delta h \rightarrow S$, $h \rightarrow H$가 되므로

$$S = \frac{\Delta e}{1+e} H \tag{4.6}$$

같이 구해진다. Δe를 구할 때에는 $e{\sim}\log p$곡선에서 읽어들인다. 이 산출방법을 $e{\sim}\log p$ 곡선법(e-log p curve method)이라 한다. 압축지수 C_c는 $e{\sim}\log p$곡선의 경사이므로

$$C_c = \frac{\Delta e}{\log_{10} \dfrac{P + \Delta P}{P}}$$

가 되므로 이것을 다시 정리하면

$$\Delta e = C_c \log_{10} \frac{P + \Delta P}{P}$$

가 된다. 이것을 (4.6)식에 대입하면 (4.7)식과 같이 되는데 이 침하량을 구하는 방법을 C_c법이라 한다.

$$S = \frac{C_C}{1+e} \log_{10} \frac{P+\Delta P}{P} H \tag{4.7}$$

체적압축계수 m_v를 이용하면

$$m_v = \frac{\varepsilon}{\Delta P} = \frac{\dfrac{\Delta h}{h}}{\Delta P} z$$

이기 때문에 $\Delta h \to S, \quad h \to H$ 로 하면 (4.8)식과 같이 된다. 이것을 m_v법이라 한다.

$$m_v = \frac{\dfrac{S}{H}}{\Delta P} \to S = m_v \cdot \Delta P \cdot H \tag{4.8}$$

만약에 정밀한 압밀시험을 할 수 있다면 이 방법에서 구한 결과가 같아지겠지만, 그렇게 간단한 일이 아니므로 일반적으로 침하량의 크기는 다음 순서로 구해지는 경향이 있다.

$$e \sim \log P \, 곡선법 < m_v \, 법 < C_C \, 법$$

4.4 침하~시간의 관계

Terzaghi의 1차원 압밀이론에는 압밀계수 c_v는 (4.9)식과 같이 정의되어 있다. 이 c_v는 이론적으로 구한 U(압밀도)와 T_v(시간계수)와의 관계식 (4.10)식을 이용하여 압밀시험 단계에서 구해진다.

$$c_v = \frac{k}{m_v \cdot \gamma_w} \tag{4.9}$$

$$U = \frac{u - u_t}{u} \times 100 - \left(1 - \frac{u_t}{u}\right) \times 100 (\%) \tag{4.10}$$

또, t시간 후의 압밀도 U_t는 t시간 후의 침하량을 S_t, 최종 침하량을 S라고 하면 다음과 같이 나타낼 수 있다.

$$U_t = \frac{S_t}{S} \times 100 (\%) \tag{4.11}$$

여기서, Terzaghi의 압밀이론은 (4.12)식과 같이 간극수압의 변화량이 체적변화량에 비례하는 열전도형의 압밀방정식이 성립하는 경우이다.

$$\frac{\partial_u}{\partial_t} = \frac{k}{m_v \cdot \gamma_w} \frac{\partial^2 \cdot u}{\partial \cdot z^2} = c_v \cdot \frac{\partial^2 \cdot u}{\partial \cdot z^2} \tag{4.12}$$

따라서 시간계수 T_v는 압밀계수 c_v와 배수거리와의 관계에서 (4.13)식으로 나타낸다.

$$T_v = \frac{c_v \cdot t}{H^2} \tag{4.13}$$

(4.13)식을 보면 배수거리가 2배이면 압밀시간은 4배가 되는 것을 알 수 있다. 여기서 시간계수 T_v는 무차원량이다.

4.5 증가응력의 산정방법

4.5.1 띠 모양 등분포하중의 경우

그림 4.3에 표시한 그림은 사각형 등분포하중이지만, 띠 모양의 경우는 하중의 폭 B만을 대상으로 고려하면 좋은데, 다음 식으로 증가응력이 구해진다. 이때의 $\alpha=30°$ 또는 $\tan\alpha=0.5$가 사용된다.

$$\Delta\sigma_z = \frac{q \cdot B}{\left(B + 2z \cdot \tan\alpha\right)} \tag{4.14}$$

4.5.2 사각형 등분포하중의 경우

그림 4.3에 표시한 사각형 등분포하중의 증가응력은 다음과 같이 구할 수 있다.

$$\Delta\sigma_s = \frac{q \cdot B \cdot L}{\left(B + 2z \cdot \tan\alpha\right)\left(L + 2z \cdot \tan\alpha\right)} \tag{4.15}$$

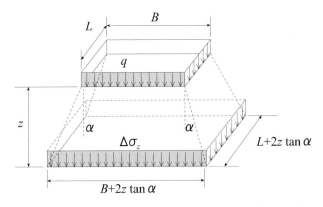

그림 4.3 사각형 등분포하중에 의한 증가응력의 산정

4.6 다층지반의 침하와 시간의 관계

4.6.1 환산 층 두께

이 방법은 여러 개의 층중에서 대표적인 층의 압밀계수를 기준으로 선정하여 다른 층의 압밀계수를 이 기준 값의 압밀계수에 대하여 비(比)를 얻어, 각각의 층 두께를 환산하는 방법이다. 즉, 층의 모양을 단일층으로 하여 침하속도를 계산하는 방법이다.

예를 들면 H_1, H_2, $H_3, \cdots$, H_n인 다층지반의 압밀계수를 각각 c_{v1}, c_{v2}, $c_{v3}, \cdots$, c_{vn}으로 하면,

$$t = \frac{T_v \cdot D^2}{c_v}$$

의 관계에서 지반전체에 대한 환산 층 두께는 다음과 같이 된다.

$$D = H_1 \sqrt{\frac{c_{vi}}{c_{v1}}} + H_2 \sqrt{\frac{c_{vi}}{c_{v2}}} + \cdots + H_i + \cdots H_n \sqrt{\frac{c_{vi}}{c_{vn}}} \tag{4.16}$$

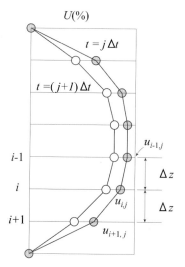

그림 4.4 양면배수의 계산 가정

4.6.2 차분식에 의한 수치계산

압밀방정식을 차분식($差分式$)으로 직접 계산하는 것으로 각 시간간격으로 간극수압을 구하면(같은 간격의 시간으로 나누어) 압밀도를 알 수 있다. 일반적으로 Terzaghi의 1차원 압밀이론은 다음 식으로 나타낼 수 있다.

$$c_v \cdot \frac{\partial^2 \cdot u}{\partial \cdot z^2} = \frac{\partial_u}{\partial_t} \tag{4.17}$$

(4.17)식을 차분식으로 나타내면(기호는 그림 4.4를 참조) 다음과 같다.

$$\frac{c_v \left(u_{i+1,j} - 2u_{i,j} + u_{i-1,j} \right)}{\Delta z^2} = \frac{u_{i+1,j} - u_{i,j}}{\Delta t} \tag{4.18}$$

여기서,　　$u_{i,\ j}$: 깊이 $z = i\Delta z$

　　　　　t : $j\Delta t$에 있어서 간극수압

　　　　　$\triangle z$: 층 두께 D를 n등분한 두께 $\triangle z = D/n$

　　　　　$\triangle t$: 시간간격($\triangle z$, c_v 등에 의하여 결정)

(4.18)식을

$$\frac{c_v \cdot \Delta t}{\Delta z^2} = \alpha$$

로 하여 정리하면

$$\alpha \left(u_{i+1,j} - 2u_{i,j} + u_{i-1,j} \right) = u_{1,j+1} - u_{i,j}$$
$$u_{i,j+1} = u_{i,j} \left(1 - 2\alpha \right) + \left(u_{i+1,j} + u_{i-1,j} \right)\alpha \tag{4.19}$$

가 되어 시간간격 $t = (j+1)\Delta t$일 때의 간극수압은 $u_{i,j}$, $u_{i+1,j}$, $u_{i-1,j}$에서 계산할 수 있다.

따라서 초기조건 $j=0$일 때 각 점의 간극수압이 주어지면 시간을 추적하는 간극수압 분포(등시선(isochrons))를 구할 수 있다.

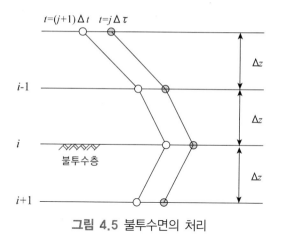

그림 4.5 불투수면의 처리

또한 α는 다음 조건을 만족하지 않으면 수렴되지 않고 발산(divergence)하므로 주의를 요한다.

$$\alpha = \frac{c_v \cdot \Delta t}{\Delta z^2} \leq 0.5 \qquad (4.20)$$

경계조건의 처리는 배수층에 접한 점에서는 하중이 재하된 직후의 간극수압을 다음과 같이 처리하여 배수층 부근의 간극수압이 극단적으로 소산하지 않도록 조정하는 것이 좋다.

$$\begin{cases} t = \Delta t & u_1 = u_0 \\ t = 2\Delta t & u_2 = 0.5u_0 \\ t = 3\Delta t & u_3 = 0 \end{cases} \qquad (4.21)$$

한편, 불투수층에서는 그림 4.5에 표시한 것과 같이 불투수면에 접한 점의 바로 위와 같은 값을 불투수면의 아래도 적용한다. 이것을 허상법(虛像法, Mirror Image Source Method)이라 부른다. 이 허상법의 간극수압을 $u_{i+1,j}$로 하면, $u_{i+1,j}=u_{i-1,j}$가 되어 차분계산이 된다. 따라서 (4.19)식은 다음과 같이 된다.

$$u_{i,j+1} = u_{i,j}(1 - 2\alpha) + 2_{i-1,j}\alpha \qquad (4.22)$$

4.7 쌍곡선법에 의한 침하와 시간의 관계 예측

재하된 하중이 일정할 때에 그 이전의 침하량을 추정하는 방법으로 실측과 침하량의 관계는 다음 식의 쌍곡선으로 나타낸다.

$$S = S_0 + \frac{t - t_0}{\alpha + \beta(t - t_0)} \tag{4.23}$$

여기서,　　　S : 임의 시간에 대한 침하량

　　　　　　S_0 : 기준이 되는 시간의 침하량

　　　　　　t : 경과시간

　　　　　　t_0 : 기준시간

　　　　　a, b : 실측값에서 구한 계수

(4.23)식은 다음과 같이 바꿀 수 있는데, 실측값에 대하여 각각 기준이 되는 시간과 침하량을 대입하면 그림 4.6에 표시한 것과 같이 직선관계가 주어진다.

$$\frac{t - t_0}{S - S_0} = \alpha + \beta(t - t_0) \tag{4.24}$$

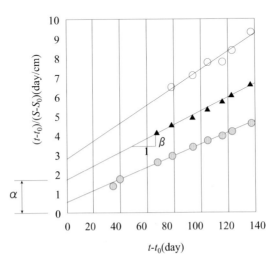

그림 4.6 식 4.24 관계의 Plot

그림 4.6에서 a, b를 읽어 (4.23)식에 의하여 임의시간의 침하량을 구할 수 있다. 또한 최종침하량은 다음 식으로 계산한다.

$$S_f = S_0 + \frac{1}{\beta} \tag{4.25}$$

그림 4.7에 표시한 것과 같이 상하가 모래층으로 이루어진 사이에 두께 6m의 점토층이 있다. 지표면에는 100kN/m²의 하중이 급속히 재하되었다. 이 점토층의 간극비는 e=1.8, 압축지수 C_c=1.5, 압밀계수 c_v=8.0×10⁻³cm²/s 이다. ① 압밀침하량을 구하시오. ② 90% 압밀에 필요한 날짜를 구하시오.

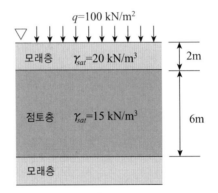

그림 4.7 예제 4.1의 지층조건

① 압밀침하량의 계산 : S

● 재하 전의 점토층 중심까지의 토괴압

$$P_0 = 20 \times 2 + 15 \times 3 - 9.81 \times 5 = 35.95 \, (\text{kN/m}^2)$$

● 재하 후의 점토층 중심에 있어서 하중

$$P_1 = 35.95 + 100 = 135.95 \, (\text{kN/m}^2)$$

$$S = \frac{C_c}{1+e} \log_{10} \frac{P + \Delta P}{P} H = \frac{C_c}{1+e} \log_{10} \frac{P_1}{P_0} H$$

$$S = \frac{1.5}{1+1.8} \log_{10} \times \frac{135.95}{35.95} \times 6 = 1.857 \, (\text{m})$$

② 90% 압밀에 필요한 날짜

$$T_v = \frac{c_v \cdot t}{H^2} \text{에서}$$

$$t = \frac{T_v \cdot H^2}{c_v} = \frac{0.848 \times 300^2}{8.0 \times 10^{-3}}$$

$$= 9,540,000 s = 111 \, \text{days}$$

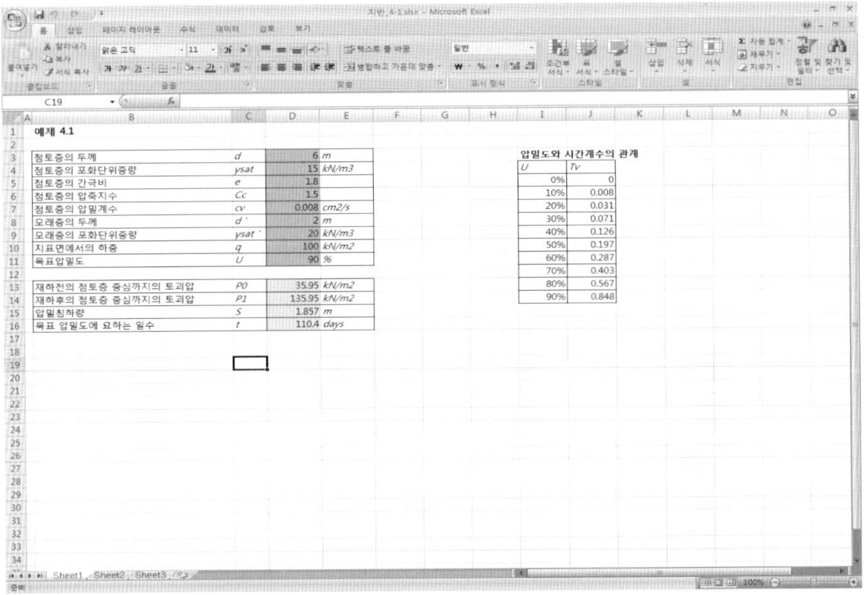

그림 4.8 예제 4.1 Excel 해답 예

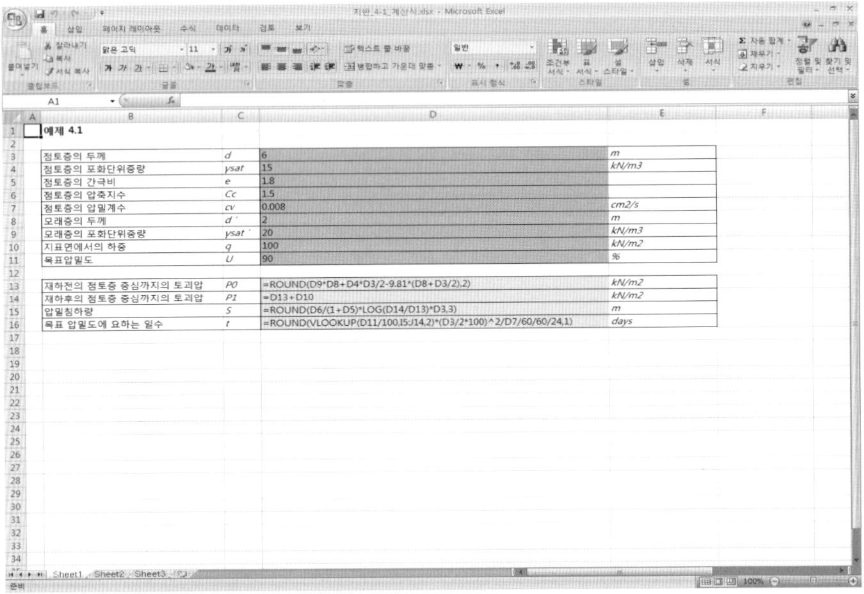

예제 4.1

점토층의 두께	d	6	m
점토층의 포화단위중량	ysat	15	kN/m3
점토층의 간극비	e	1.8	
점토층의 압축지수	Cc	1.5	
점토층의 압밀계수	cv	0.008	cm2/s
모래층의 두께	d '	2	m
모래층의 포화단위중량	ysat '	20	kN/m3
지표면에서의 하중	q	100	kN/m2
목표압밀도	U	90	%
재하전의 점토층 중심까지의 토괴압	P0	35.95	kN/m2
재하후의 점토층 중심까지의 토괴압	P1	135.95	kN/m2
압밀침하량	S	1.857	m
목표 압밀도에 요하는 일수	t	110.4	days

압밀도와 시간계수의 관계

U	Tv
0%	0
10%	0.008
20%	0.031
30%	0.071
40%	0.126
50%	0.197
60%	0.287
70%	0.403
80%	0.567
90%	0.848

그림 4.9 예제 4.1 Excel 계산식

예제 4.1

점토층의 두께	d	6		m
점토층의 포화단위중량	ysat	15		kN/m3
점토층의 간극비	e	1.8		
점토층의 압축지수	Cc	1.5		
점토층의 압밀계수	cv	0.008		cm2/s
모래층의 두께	d '	2		m
모래층의 포화단위중량	ysat '	20		kN/m3
지표면에서의 하중	q	100		kN/m2
목표압밀도	U	90		%
재하전의 점토층 중심까지의 토괴압	P0	=ROUND(D9*D8+D4*D3/2-9.81*(D8+D3/2),2)		kN/m2
재하후의 점토층 중심까지의 토괴압	P1	=D13+D10		kN/m2
압밀침하량	S	=ROUND(D6/(1+D5)*LOG(D14/D13)*D3,3)		m
목표 압밀도에 요하는 일수	t	=ROUND(VLOOKUP(D11/100,I5:J14,2)*(D3/2*100)^2/D7/60/60/24,1)		days

그림 4.10과 같은 지반의 모래자갈층에서 지하수를 퍼 올렸다. 그 때문에 모래자갈층의 수압이 50kN/m²로 저하하였다. ① 점토층 내의 과잉간극수압 분포상태를 그림으로 표시하시오 ② 이 모래자갈층의 수위저하가 장기간에 걸쳐 지속되면 지반의 침하량은 어느 정도 되겠는가?

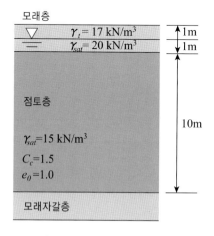

모래층

$\gamma_t = 17 \text{ kN/m}^3$ 1m

$\gamma_{sat} = 20 \text{ kN/m}^3$ 1m

점토층

$\gamma_{sat} = 15 \text{ kN/m}^3$

$C_c = 1.5$

$e_0 = 1.0$

10m

모래자갈층

그림 4.10 예제 4.2의 지층조건

① 점토층 중심위치에서의 간극수압은 장기간에 걸쳐 퍼 올리게 되면 33.86 kN/m² 까지 저하한다(그림 4.7 참조).

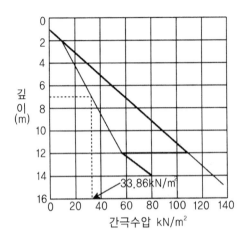

그림 4.11 과잉간극수압의 분포상태

② 침하량의 계산 : S

$$P_0 = 17 \times 1 + 20 \times 1 + 15 \times 5 - 9.81 \times 6 = 53.14 \, (\text{kN/m}^2)$$

$$P_1 = 17 \times 1 + 20 \times 1 + 15 \times 5 - 33.86 = 78.14 \, (\text{kN/m}^2)$$

$$S = \frac{C_c}{1+e} \log_{10} \frac{P + \Delta P}{P} H = \frac{C_c}{1+e} \log_{10} \frac{P_1}{P_0} H$$

$$S = \frac{1.0}{1+1.0} \log_{10} \times \frac{78.14}{53.14} \times 10 = 0.837 \, (\text{m}) = 83.7 \, (\text{cm})$$

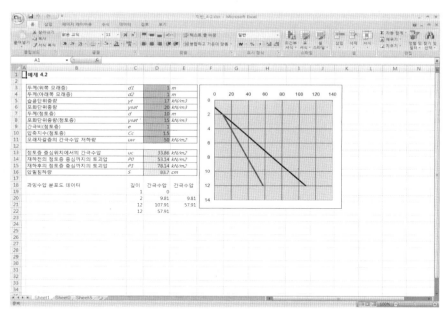

그림 4.12 예제 4.2 Excel 해답 예

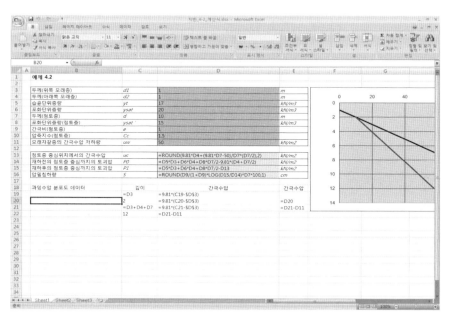

그림 4.13 예제 4.2 Excel 계산식

그림 4.14에 표시한 지반은 당초 지표면과 지하수면이 같은 정수압분포를 하고 있었다. 그 후, 지하수위가 4m 저하하였다. ① 이때의 침하량을 계산하시오. 단, 지하수위 저하 후도 정수압분포이다. ② 1년 후의 침하량을 계산하시오. 압밀계수는 $c_v=1.0\times10^{-4}$ cm^2/s이다. 압밀도와 시간계수의 관계는 표 4.1을 참고할 것.

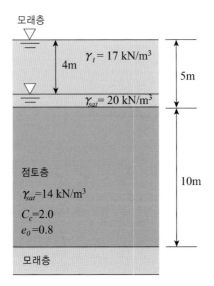

그림 4.14 예제 4.3의 지층조건

표 4.1 압밀도와 시간계수의 관계

$U(\%)$	10	20	30	40	50	60	70	80	90
T_v	0.008	0.031	0.071	0.126	0.197	0.287	0.403	0.567	0.848

① 침하량의 계산 : S

$$P_0 = 20 \times 5 + 14 \times 5 - 9.81 \times 10 = 71.9 \,(\mathrm{kN/m^2})$$

$$P_1 = 17 \times 4 + 20 \times 1 + 14 \times 5 - 9.81 \times 6 = 99.14 \,(\mathrm{kN/m^2})$$

$$S = \frac{C_c}{1+e} \log_{10} \frac{P + \Delta P}{P} H = \frac{C_c}{1+e} \log_{10} \frac{P_1}{P_0} H$$

$$S = \frac{2.0}{1+0.8} \log_{10} \times \frac{99.14}{71.90} \times 10 = 1.55 \,(\mathrm{m})$$

② 1년 후의 침하량 계산

$$T_v = \frac{c_v \cdot t}{H^2} = \frac{1 \times 10^{-4} \times 365 \times 24 \times 60 \times 60}{500^2}$$
$$= 0.0126$$

시간계수가 0.0126이므로 표 4.1에서 압밀도가 10~20%의 사이에 있는 것을 알 수 있다. 비례배분에 의하여 T_v=0.0126은 압밀도 12%가 된다. 따라서 1년 후의 침하량은

  1.55×0.12=0.186(m)=18.6(cm)가 된다.

예제 4.3

두께(모래층)	d	5	m
지하수위	h	4	m
습윤단위중량	γt	17	kN/m3
포화단위중량	γsat	20	kN/m3
두께(점토층)	d '	10	m
포화단위중량(점토층)	γsat '	14	kN/m3
압축지수	Cc	2	
압밀계수	cv	0.0001	cm2/s
간극비	e0	0.8	
계산일수	t	365	days
점토층 중심까지의 토괴압(수위저하 전)	P0	71.9	kN/m2
점토층 중심까지의 토괴압(수위저하 후)	P1	99.14	kN/m2
압밀침하량	S	1.55	m
시간계수	Tv	0.0126	
압밀도	U	12	%
계산침하량	S1	18.6	cm

압밀도와 시간계수의 관계

U	Tv
0%	0
10%	0.008
20%	0.031
30%	0.071
40%	0.126
50%	0.197
60%	0.287
70%	0.403
80%	0.567
90%	0.848

그림 4.15 예제 4.3 Excel 해답 예

예제 4.3

두께(모래층)	d	5	m
지하수위	h	4	m
습윤단위중량	γt	17	kN/m3
포화단위중량	γsat	20	kN/m3
두께(점토층)	d '	10	m
포화단위중량(점토층)	γsat '	14	kN/m3
압축지수	Cc	2	
압밀계수	cv	0.0001	cm2/s
간극비	e0	0.8	
계산일수	t	365	days
점토층 중심까지의 토괴압(수위저하 전)	P0	=D6*D3+D8*D7/2-9.81*(D3+D7/2)	kN/m2
점토층 중심까지의 토괴압(수위저하 후)	P1	=D5*D4+D6*(D3-D4)+D8*D7/2-9.81*(D3-D4+D7/2)	kN/m2
압밀침하량	S	=ROUND(D9/(1+D11)*LOG(D15/D14)*(D3+D7/2),2)	m
시간계수	Tv	=ROUND(D10*D12*24*60*60/((D7/2*100)^2),4)	
압밀도	U	=ROUND(FORECAST(D17,OFFSET(I4:I5,MATCH(D17,J5:J14,1),0),OFFSET(J4:J5,MATCH(D17,J5:J14,1),0))*100,0)	%
계산침하량	S1	=D16*D18/100*100	cm

그림 4.16 예제 4.3 Excel 계산식

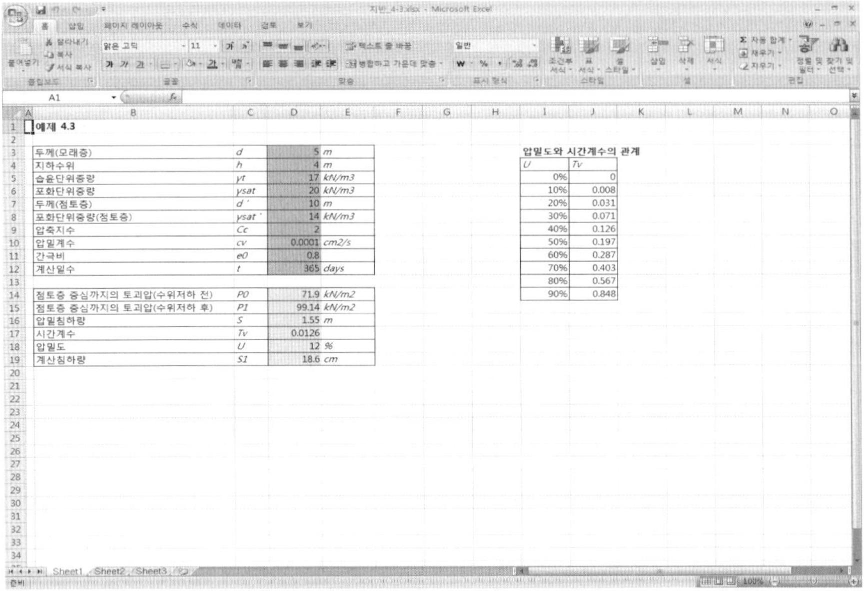

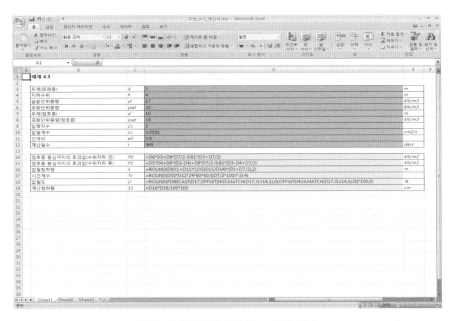

등분포하중이 재하된 그림 4.17에 표시한 조건의 지반이 있다. 성토하중에 의한 연직방향의 증가응력을 계산하시오. 단, 이 지반은 과거에 30.5kN/m^2 의 하중을 받았던 과압밀 점토이다. ① 침하량은 얼마인가? ② 1년 후의 침하량은 얼마인가? ③ 점토층 아래의 모래층이 불투수층 암반인 경우에 1년 후의 침하량은 얼마인가? 1년은 3×10^7초로 계산하시오. 압밀도와 시간계수의 관계는 표 4.1을 이용한다.

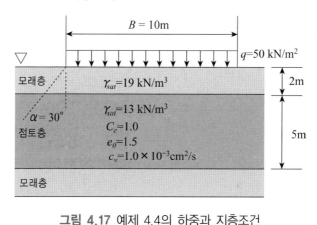

그림 4.17 예제 4.4의 하중과 지층조건

---

① 침하량의 계산

(4.14)식에서

$$\Delta \sigma_z = \frac{q \cdot B}{\left(B + 2z \cdot \tan \alpha\right)} = \frac{50 \times 10}{\left(10 + 2 \times 4.5 \tan 30°\right)}$$
$$= 32.9 \,(\text{kN/m}^2)$$

재하 전의 점토층 중심위치에서의 토괴압은

$$P_0 = 19 \times 2 + 13 \times 2.5 - 9.81 \times 4.5 = 26.36 \, (\text{kN/m}^2)$$
$$P_1 = 26.36 + 32.90 = 59.26 \, (\text{kN/m}^2)$$

여기서 침하량에 사용하는 하중은 P_0=26.36(kN/m^2) 대신에 P_0=30.5(kN/m^2) 를 사용한다.

$$S = \frac{C_c}{1+e} \log_{10} \frac{P + \Delta P}{P} H = \frac{C_c}{1+e} \log_{10} \frac{P_1}{P_0} H$$
$$S = \frac{1.0}{1+1.5} \log_{10} \times \frac{59.26}{30.50} \times 5 = 0.58 \, (\text{m}) = 58 \, (\text{cm})$$

② 1년 후의 침하량 계산

$$T_v = \frac{c_v \cdot t}{H^2} = \frac{1 \times 10^{-3} \times 3 \times 10^7}{250^2}$$
$$= 0.48$$

시간계수가 0.48이므로 표 4.1에서 압밀도가 70~80%의 범위에 있는 것을 알 수 있다. 비례배분에 의하여 압밀도는 75%가 된다. 따라서 1년 후의 침하량은 다음과 같다.

$$S = 58 \times 0.75 = 43.5 \, (\text{cm})$$

③ 불투수층의 암반인 경우 1년 후의 침하량

$$T_v = \frac{c_v \cdot t}{H^2} = \frac{1 \times 10^{-3} \times 3 \times 10^7}{500^2}$$
$$= 0.12$$

표 4.1에서 시간계수가 T_v=0.12일 때에 압밀도는 39%가 된다. 따라서 침하량은

$$S = 58 \times 0.39 = 22.6 \, (\text{cm})$$

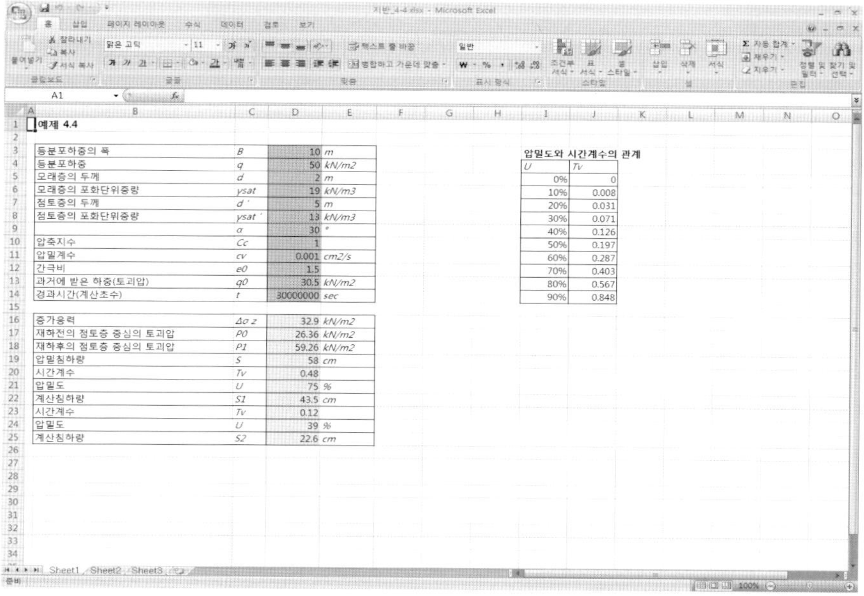

예제 4.4

등분포하중의 폭	B	10	m
등분포하중	q	50	kN/m2
모래층의 두께	d	2	m
모래층의 포화단위중량	γsat	19	kN/m3
점토층의 두께	d '	5	m
점토층의 포화단위중량	γsat '	13	kN/m3
	α	30	°
압축지수	Cc	1	
압밀계수	cv	0.001	cm2/s
간극비	e0	1.5	
과거에 받은 하중(토괴압)	q0	30.5	kN/m2
경과시간(계산초수)	t	30000000	sec

증가응력	Δσ z	32.9	kN/m2
재하전의 점토층 중심의 토괴압	P0	26.36	kN/m2
재하후의 점토층 중심의 토괴압	P1	59.26	kN/m2
압밀침하량	S	58	cm
시간계수	Tv	0.48	
압밀도	U	75	%
계산침하량	S1	43.5	cm
시간계수	Tv	0.12	
압밀도	U	39	%
계산침하량	S2	22.6	cm

압밀도와 시간계수의 관계

U	Tv
0%	0
10%	0.008
20%	0.031
30%	0.071
40%	0.126
50%	0.197
60%	0.287
70%	0.403
80%	0.567
90%	0.848

그림 4.18 예제 4.4 Excel 해답 예

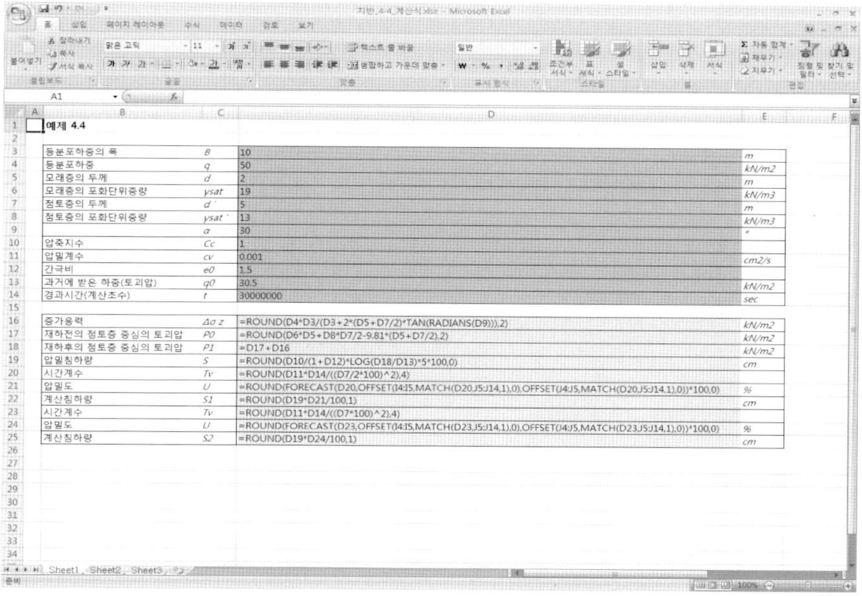

예제 4.4

등분포하중의 폭	B	10	m
등분포하중	q	50	kN/m2
모래층의 두께	d	2	m
모래층의 포화단위중량	γsat	19	kN/m3
점토층의 두께	d '	5	m
점토층의 포화단위중량	γsat '	13	kN/m3
	α	30	°
압축지수	Cc	1	
압밀계수	cv	0.001	cm2/s
간극비	e0	1.5	
과거에 받은 하중(토괴압)	q0	30.5	kN/m2
경과시간(계산초수)	t	30000000	sec

증가응력	Δσ z	=ROUND(D4*D3/(D3+2*(D5+D7/2)*TAN(RADIANS(D9))),2)	kN/m2
재하전의 점토층 중심의 토괴압	P0	=ROUND(D6*D5+D8*D7/2-9.81*(D5+D7/2),2)	kN/m2
재하후의 점토층 중심의 토괴압	P1	=D17+D16	kN/m2
압밀침하량	S	=ROUND(D10/(1+D12)*LOG(D18/D13)*5*100,0)	cm
시간계수	Tv	=ROUND(D11*D14/((D7/2*100)^2),4)	
압밀도	U	=ROUND(FORECAST(D20,OFFSET(I4:I5,MATCH(D20,J5:J14,1),0),OFFSET(J4:J5,MATCH(D20,J5:J14,1),0))*100,0)	%
계산침하량	S1	=ROUND(D19*D21/100,1)	cm
시간계수	Tv	=ROUND(D11*D14/((D7*100)^2),4)	
압밀도	U	=ROUND(FORECAST(D23,OFFSET(I4:I5,MATCH(D23,J5:J14,1),0),OFFSET(J4:J5,MATCH(D23,J5:J14,1),0))*100,0)	%
계산침하량	S2	=ROUND(D19*D24/100,1)	cm

그림 4.19 예제 4.4 Excel 계산식

그림 4.20에 표시한 것과 같이 압밀계수가 다른 2층 지반에 대하여 차분 방정식을 이용하여 간극수압의 소산과정을 계산하고, 시간과 침하의 곡선을 작성하시오. 단, I층의 최종침하량은 258.5cm, II층은 44.6cm로 한다.

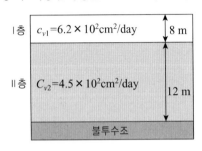

그림 4.20 예제 4.5의 조건

다층지반에 대한 수치해석에서는 모든 층에 대하여 같은 시간간격 Δt를 따라 계산하지 않으면 안 된다. 우선, 어느 한쪽의 층을 기준으로 Δz를 결정하고, 다른 층은 최초에 정한 Δt를 사용하여 각각의 Δs를 결정하면 된다. I 층은 $c_v = c_{v1}$, II층은 $c_v = c_{v2}$일 때, I층을 8등분하면, $\Delta z = 800/8 = 100$cm

$$\alpha = \frac{c_v \cdot \Delta t}{\Delta z^2} = \frac{1}{4} \tag{4.26}$$

으로 하면 다음과 같이 된다.

$$\Delta t = \frac{1}{4} \cdot \frac{\Delta z^2}{c_{v1}} = 4.03 \fallingdotseq 4일 \tag{4.27}$$

다음에 Ⅱ층의 분할 두께를 정한다. (4.9)식의 관계에서 Ⅰ층과 Ⅱ층은 k 만이 다르다고 가정하면 Δz_2는 다음과 같이 계산된다.

$$k_1 = \frac{\Delta t}{\Delta z_1^2} = k_2 = \frac{\Delta t}{\Delta z_2^2} \tag{4.28}$$

$$\Delta z_2 = \Delta z_1 \sqrt{\frac{k_2}{k_1}} = \Delta z_1 \sqrt{\frac{c_{v2}}{c_{v1}}} = 85 \,(\text{cm}) \tag{4.29}$$

이 값은 Ⅱ층을 등분할 수 없으므로 편리상 Δz_2=80cm로 한다(Ⅱ의 c_v=3.96×10^2 cm^2/day).

여기서 Ⅰ층과 Ⅱ층의 침투속도는 같아야 하기 때문에

$$k_1 \frac{\partial u}{\partial z_1} = k_2 \frac{\partial u}{\partial z_2} \tag{4.30}$$

이것을 차분식으로 표시하면

$$\frac{k_1 \left(u_{i,j} - u_{i-1,j} \right)}{\Delta z_1} = \frac{k_2 \left(u_{i+1,j} - u_{i,j} \right)}{\Delta z_2} \tag{4.31}$$

$$u_{i,j} - u_{i-1,j} = \frac{k_2}{k_1} \cdot \frac{\Delta z_1}{\Delta z_2} \left(u_{i+1,j} - u_{i,j} \right) \tag{4.32}$$

(4.32)식을 (4.33)식으로 정리하면

$$\frac{k_2}{k_1} \cdot \frac{\Delta z_1}{\Delta z_2} = \beta \tag{4.33}$$

$$u_{i,j} = u_{i+1,j} - \frac{u_{i+1,j} - u_{i-1,j}}{1 + \beta} \tag{4.34}$$

(4.34)식이 Ⅰ층과 Ⅱ층의 경계면에 있어서 간극수압 u의 차분방정식이 된다.

$$\frac{c_{v2}}{c_{v1}} = \frac{k_2}{k_1} = 0.64 \tag{4.35}$$

$$\beta = \frac{k_2}{k_1} \cdot \frac{\Delta z_1}{\Delta z_2} = 0.64 \times \frac{100}{80} = 0.8 \qquad (4.36)$$

따라서 경계면에 있어서 차분방정식인 (4.34)식은 다음과 같이 된다.

$$u_{i,j} = u_{i+1,j} - \frac{u_{i+1,j} - u_{i-1,j}}{1 + 0.8} \qquad (4.37)$$

(4.19)식, (4.37)식 및 (4.21)식의 경계조건을 기준으로 차분방정식을 계산하면 그림 4.21에 일부 표시한 간극수압의 깊이방향에 대한 시간적 변화의 결과를 구하여, 그림 4.22에 표시한 침하와 시간의 관계를 구할 수 있다. 그리고 간극수압 분포와 압밀도의 관계는 (4.10)식에 따른다.

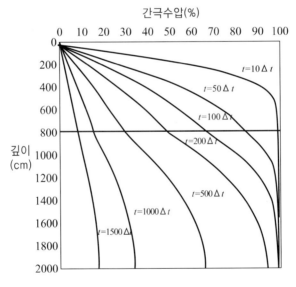

그림 4.21 간극수압의 깊이방향에 대한 시간변화

경과일수

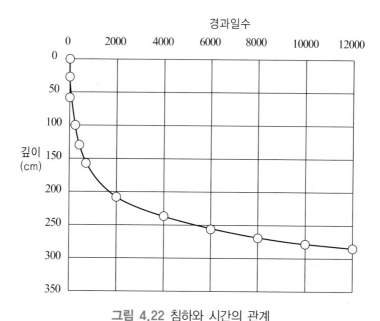

그림 4.22 침하와 시간의 관계

그림 4.23 예제 4.5 Excel 해답 예

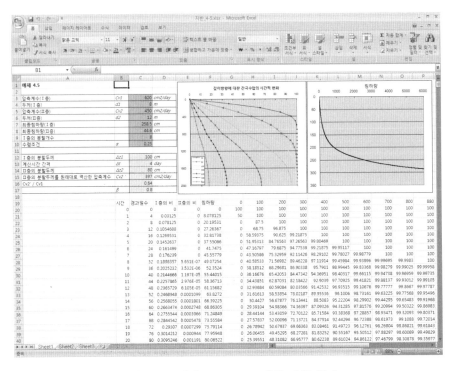

그림 4.24 예제 4.5 Excel 해답 예의 확대

표 4.2 예제 4.5 Excel 계산식

C12	=C4*100/C9
C13	=ROUND(C10*C12^2/C3,0)
C14	=C6/ROUNDUP(C6/(C12*SQRT(C5/C3)),2)
C15	=ROUND((C14/C12)^2*C3,0)
C16	=ROUND(C15/C3,2)
C17	=ROUND(C16*(C12/C14),2)
C20	=B20*C$13
C21	=B21*C$13
C22	=B22*C$13
C23	=B23*C$13
	...
C1519	=B1519*C$13
C1520	=B1520*C$13
D20	=1-($C$12*((H20+G20)+(I20+H20)+(J20+I20)+(K20+J20)+(L20+K20)+(M20+L20)+(N20+M20)+(O20+N20))/2)/(10000*$C$4)

D21	=1-($C$12*((H21+G21)+(I21+H21)+(J21+I21)+(K21+J21)+(L21+K21)+(M21+L21)+(N21+M21)+(O21+N21))/2)/(10000*$C$4)
D22	=1-($C$12*((H22+G22)+(I22+H22)+(J22+I22)+(K22+J22)+(L22+K22)+(M22+L22)+(N22+M22)+(O22+N22))/2)/(10000*$C$4)
D23	=1-($C$12*((H23+G23)+(I23+H23)+(J23+I23)+(K23+J23)+(L23+K23)+(M23+L23)+(N23+M23)+(O23+N23))/2)/(10000*$C$4)
...	
D1519	=1-($C$12*((H1519+G1519)+(I1519+H1519)+(J1519+I1519)+(K1519+J1519)+(L1519+K1519)+(M1519+L1519)+(N1519+M1519)+(O1519+N1519))/2)/(10000*$C$4)
D1520	=1-($C$12*((H1520+G1520)+(I1520+H1520)+(J1520+I1520)+(K1520+J1520)+(L1520+K1520)+(M1520+L1520)+(N1520+M1520)+(O1520+N1520))/2)/(10000*$C$4)
E20	=1-($C$14*((P20+O20)+(Q20+P20)+(R20+Q20)+(S20+R20)+(T20+S20)+(U20+T20)+(V20+U20)+(W20+V20)+(X20+W20)+(Y20+X20)+(Z20+Y20)+(AA20+Z20)+(AB20+AA20)+(AC20+AB20)+(AD20+AC20))/2)/(10000*$C$6)
E21	=1-($C$14*((P21+O21)+(Q21+P21)+(R21+Q21)+(S21+R21)+(T21+S21)+(U21+T21)+(V21+U21)+(W21+V21)+(X21+W21)+(Y21+X21)+(Z21+Y21)+(AA21+Z21)+(AB21+AA21)+(AC21+AB21)+(AD21+AC21))/2)/(10000*$C$6)
E22	=1-($C$14*((P22+O22)+(Q22+P22)+(R22+Q22)+(S22+R22)+(T22+S22)+(U22+T22)+(V22+U22)+(W22+V22)+(X22+W22)+(Y22+X22)+(Z22+Y22)+(AA22+Z22)+(AB22+AA22)+(AC22+AB22)+(AD22+AC22))/2)/(10000*$C$6)
E23	=1-($C$14*((P23+O23)+(Q23+P23)+(R23+Q23)+(S23+R23)+(T23+S23)+(U23+T23)+(V23+U23)+(W23+V23)+(X23+W23)+(Y23+X23)+(Z23+Y23)+(AA23+Z23)+(AB23+AA23)+(AC23+AB23)+(AD23+AC23))/2)/(10000*$C$6)
...	
E1519	=1-($C$14*((P1519+O1519)+(Q1519+P1519)+(R1519+Q1519)+(S1519+R1519)+(T1519+S1519)+(U1519+T1519)+(V1519+U1519)+(W1519+V1519)+(X1519+W1519)+(Y1519+X1519)+(Z1519+Y1519)+(AA1519+Z1519)+(AB1519+AA1519)+(AC1519+AB1519)+(AD1519+AC1519))/2)/(10000*$C$6)
E1520	=1-($C$14*((P1520+O1520)+(Q1520+P1520)+(R1520+Q1520)+(S1520+R1520)+(T1520+S1520)+(U1520+T1520)+(V1520+U1520)+(W1520+V1520)+(X1520+W1520)+(Y1520+X1520)+(Z1520+Y1520)+(AA1520+Z1520)+(AB1520+AA1520)+(AC1520+AB1520)+(AD1520+AC1520))/2)/(10000*$C$6)
F20	=$C$7*D20+$C$8*E20
F21	=$C$7*D21+$C$8*E21

F22	=$C$7*D22+$C$8*E22
F23	=$C$7*D23+$C$8*E23
	. . .
F1519	=$C$7*D1519+$C$8*E1519
F1520	=$C$7*D1520+$C$8*E1520
G20	=100
G21	=G20/2
G22	=0
G23	=0
	. . .
G1519	=0
G1520	=0
H19	=IF(G19<($C$4+$C$6)*100,G19+IF(G19<$C$4*100,$C$12,$C$14),"")
H20	=100
H21	=H20*(1-2*$C$10)+(G20+I20)*$C$10
H22	=H21*(1-2*$C$10)+(G21+I21)*$C$10
H23	=H22*(1-2*$C$10)+(G22+I22)*$C$10
	. . .
H1519	=H1518*(1-2*$C$10)+(G1518+I1518)*$C$10
H1520	=H1519*(1-2*$C$10)+(G1519+I1519)*$C$10
I19	=IF(H19<($C$4+$C$6)*100,H19+IF(H19<$C$4*100,$C$12,$C$14),"")
I20	=100
I21	=I20*(1-2*$C$10)+(H20+J20)*$C$10
I22	=I21*(1-2*$C$10)+(H21+J21)*$C$10
I23	=I22*(1-2*$C$10)+(H22+J22)*$C$10
	. . .
I1519	=I1518*(1-2*$C$10)+(H1518+J1518)*$C$10
I1520	=I1519*(1-2*$C$10)+(H1519+J1519)*$C$10
	J~N, K~AC열은 H, I열과 같은 형태의 수식입니다.
O20	=100
O21	=P21-(P21-N21)/(1+$C$17)
O22	=P22-(P22-N22)/(1+$C$17)
O23	=P23-(P23-N23)/(1+$C$17)
	. . .
O1519	=P1519-(P1519-N1519)/(1+$C$17)
O1520	=P1520-(P1520-N1520)/(1+$C$17)
AD20	=100
AD21	=AD20*(1-2*$C$10)+(AC20*2)*$C$10
AD22	=AD21*(1-2*$C$10)+(AC21*2)*$C$10
AD23	=AD22*(1-2*$C$10)+(AC22*2)*$C$10

```
       ...
AD1519 =AD1518*(1-2*$C$10)+(AC1518*2)*$C$10
AD1520 =AD1519*(1-2*$C$10)+(AC1519*2)*$C$10
```

예제 4.6

표 4.3과 그림 4.25에 표시한 실측한 침하와 시간의 관계에 대하여 기준
시간을 20일로 하여 쌍곡선법(hyperbolic curve method)을 사용하여 침하
와 시간의 관계를 예측하시오.

표 4.3 침하데이터

경과일수	침하량(cm)	경과일수	침하량(cm)
0	0	50	225
2	8	55	230
4	17	60	235
6	40	67	237
7	50	70	240
8	60	75	242
9	75	80	245
10	80	85	245
11	93	90	247
12	100	95	248
13	105	100	249
14	115	105	249
15	125	110	250
16	140	115	250
19	148	120	253
20	160	125	253
21	165	130	253
24	170	135	255
25	180	140	257
29	195	145	259
30	205	150	258
35	210	155	259
40	215	160	258
43	220	165	258

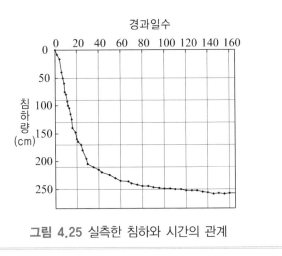

경과일수

그림 4.25 실측한 침하와 시간의 관계

(4.24)식에 따라서 계산한 결과를 표 4.4에 표시하였다. 이 결과를 그린 것이 그림 4.26이다. 그림 4.26에서 얻어진 a, b는 다음과 같다.

$$\begin{cases} \alpha = 0.1809 \\ \beta = 0.0089 \end{cases}$$

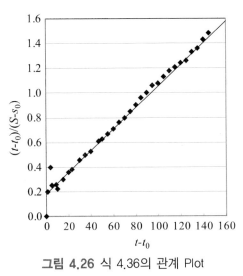

$t-t_0$

그림 4.26 식 4.36의 관계 Plot

표 4.4 계산결과

$t-t_0$①	$S-S_0$②	②/2
$t-t_0=20,\ S_0=160$		
0	0.00	0.00
1	5.00	0.20
4	10.00	0.40
5	20.00	0.25
9	35.00	0.26
10	45.00	0.22
15	50.00	0.30
20	55.00	0.36
23	60.00	0.38
30	65.00	0.46
35	70.00	0.50
40	75.00	0.53
47	77.00	0.61
50	80.00	0.63
55	82.00	0.67
60	85.00	0.71
65	85.00	0.76
70	87.00	0.80
75	88.00	0.85
80	89.00	0.90
85	89.00	0.96
90	90.00	1.00
95	90.00	1.06
100	93.00	1.08
105	93.00	1.13
110	93.00	1.18
115	95.00	1.21
120	97.00	1.24
125	99.00	1.26
130	98.00	1.33
135	99.00	1.36
140	98.00	1.43
145	98.00	1.48

계산한 예상침하량과 경과일수의 관계를 표 4.5 및 그림 4.27에 표시하였다. 또한 최종 침하량은 272.4cm이다.

표 4.5 계산결과

경과일수	침하량(cm)	경과일수	침하량(cm)
20	160.00	90	247.08
21	165.27	95	248.40
24	178.48	100	249.60
25	182.18	105	250.68
29	194.48	110	251.66
30	197.05	115	252.56
35	207.71	120	253.38
40	215.73	125	254.14
43	219.65	130	254.84
50	226.98	135	255.48
55	231.08	140	256.08
60	234.50	145	256.64
67	238.44	150	257.17
70	239.88	155	257.66
75	242.04	160	258.11
80	243.93	165	258.55
85	245.59		

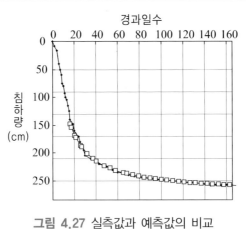

그림 4.27 실측값과 예측값의 비교

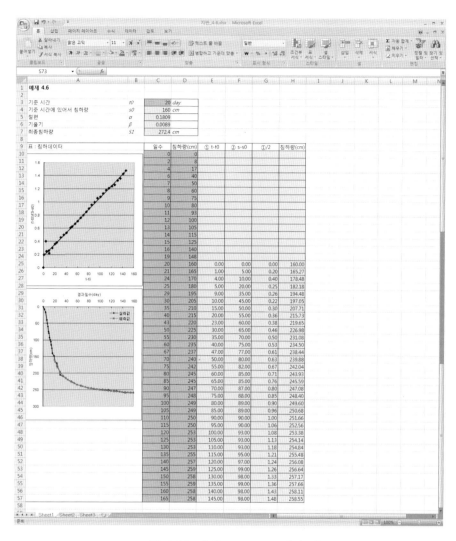

그림 **4.28** 예제 4.6 Excel 해답 예

표 **4.6** 예제 4.6 Excel 계산식

C4	=VLOOKUP($C$3,$C$10:$D$57,2)
C5	=ROUND(INDEX(LINEST(G25:G57,E25:E57),2),4)
C6	=ROUND(INDEX(LINEST(G25:G57,E25:E57),1),4)
C7	=ROUND(C4+1/C6,1)

```
E10    =IF(C10-$C$3>=0,C10-$C$3,"")
E11    =IF(C11-$C$3>=0,C11-$C$3,"")
E12    =IF(C12-$C$3>=0,C12-$C$3,"")
       . . .
E25    =IF(C25-$C$3>=0,C25-$C$3,"")
E26    =IF(C26-$C$3>=0,C26-$C$3,"")
E27    =IF(C27-$C$3>=0,C27-$C$3,"")
E28    =IF(C28-$C$3>=0,C28-$C$3,"")
       . . .
E56    =IF(C56-$C$3>=0,C56-$C$3,"")
E57    =IF(C57-$C$3>=0,C57-$C$3,"")
F10    =IF(D10-$C$4>=0,D10-$C$4,"")
F11    =IF(D11-$C$4>=0,D11-$C$4,"")
F12    =IF(D12-$C$4>=0,D12-$C$4,"")
       . . .
F25    =IF(D25-$C$4>=0,D25-$C$4,"")
F26    =IF(D26-$C$4>=0,D26-$C$4,"")
F27    =IF(D27-$C$4>=0,D27-$C$4,"")
F28    =IF(D28-$C$4>=0,D28-$C$4,"")
       . . .
F56    =IF(D56-$C$4>=0,D56-$C$4,"")
F58    =IF(D57-$C$4>=0,D57-$C$4,"")
G25    =ROUND(E25/MAX(F25,1),2)
G26    =ROUND(E26/MAX(F26,1),2)
G27    =ROUND(E27/MAX(F27,1),2)
G28    =ROUND(E28/MAX(F28,1),2)
       . . .
G56    =ROUND(E56/MAX(F56,1),2)
G57    =ROUND(E57/MAX(F57,1),2)
H25    =ROUND($C$4+(E25)/($C$5+$C$6*E25),2)
H26    =ROUND($C$4+(E26)/($C$5+$C$6*E26),2)
H27    =ROUND($C$4+(E27)/($C$5+$C$6*E27),2)
H28    =ROUND($C$4+(E28)/($C$5+$C$6*E28),2)
       . . .
H56    =ROUND($C$4+(E56)/($C$5+$C$6*E56),2)
H57    =ROUND($C$4+(E57)/($C$5+$C$6*E57),2)
```

제 5 장
흙의 전단강도

흙이 외력을 받으면 흙 속에는 전단강도 $\tau(\text{kN/m}^2)$가 발생하는데, 그 중에서 전단저항을 초과하는 곳이 있으면 그림 5.1과 같이 전단파괴가 일어난다. 파괴되는 면을 활동면(slip surface)이라 한다. 전단응력에 저항하는 최대의 전단저항을 전단강도(shear strength) $s(\text{kN/m}^2)$라 한다.

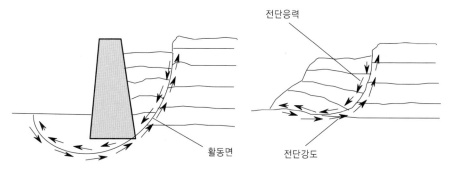

그림 5.1 전단강도의 설명

5.1 흙의 전단강도란

현장에서 채취한 흙을 그림 5.2(a)에 표시한 원기둥으로 성형하여, 일정한 힘으로 위에서 누른 채로 수평방향으로 힘을 가하면 다음과 같은 관계를 얻을 수 있다.

$$\sigma = \frac{P}{A}, \quad \tau_f = \frac{S_f}{A} \tag{5.1}$$

여기서, σ : 연직응력 A : 시료의 단면적

τ_f: 전단응력 S_f : 원기둥 시료가 파괴할 때의 수평방향 전단력

τ_f는 연직응력이 작용할 때의 최대전단저항과 같으므로 전단강도 s가 된다.

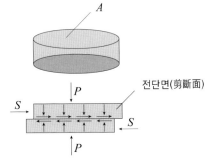

(a) 공시체의 형상과 응력상태

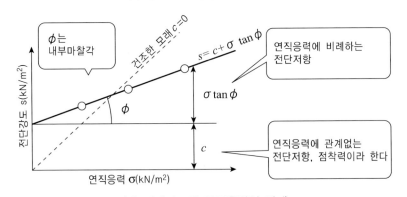

(b) 전단강도와 연직응력의 관계

그림 5.2 점착력과 내부마찰각의 설명

그림 5.2(b)는 연직응력이 다른 3개의 시료에 대하여, 수평방향으로 전단력을 가해서 파괴될 때의 전단강도와 연직응력의 관계를 표시한 것이다(굵은 실선). 그림에서 절편(切片)을 c, 경사 각도를 ϕ라고 하면 이 관계는 다음과 같다.

$$s(\tau) = c + \sigma \tan \phi \qquad (5.2)$$

이 식이 쿨론(Coulomb)의 식이라 불리는 것으로 여기에 표시한 실선을 Coulomb의 파괴선이라 한다. 이것이 의미하는 것은 그림 5.2(b)에 표시되어 있다. 또, 점착력 c, 내부마찰각 ϕ를 흙의 강도정수라 부른다. 흙의 종류에 따른 이 관계는 그림 5.2(b)의 굵은 실선이 일반적인 흙이며, 점선으로 표시한 것이 건조한 모래의 경우인데, 절편에서 가로축으로 평행하게 선을 그은 것과 같이 $\phi = 0$이 되는 직선이 포화된 점토가 급속히 파괴될 때에 나타나는 결과이다. 이와 같이 흙은 종류에 따라서 전단강도가 다르며, 같은 흙이라도 함수비, 밀도, 외력이 작용하고 있는 상태나 압밀의 진행 상태에 따라 거동이 다르다.

5.2 전단시험

현재, 전단시험에 많이 사용하고 있는 것이 일면전단시험(box shear test), 삼축압축시험(triaxial compression test)과 일축압축시험(unconfined compression test)이 있는데, 그림 5.3이 시료의 형상과 응력상태에 따른 전단시험을 나타낸 것이다.

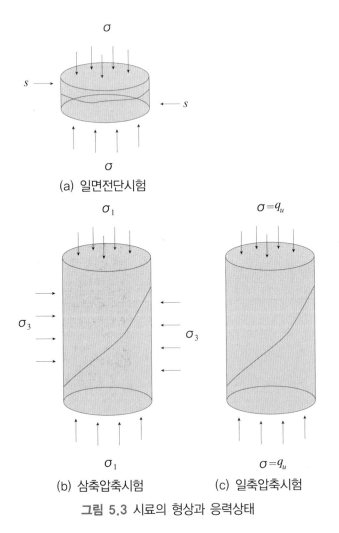

(a) 일면전단시험

(b) 삼축압축시험　　　(c) 일축압축시험

그림 5.3 시료의 형상과 응력상태

일면전단시험은 그림 5.3(a)에 표시한 것과 같이 시료를 성형하여 전단강도를 구한다. 그림 5.3(b)은 삼축압축시험의 응력상태를 표시하고 있다. 여러 가지의 응력상태에서 시험이 가능하지만, 일반적인 방법은 우선 원기둥(직경 5cm, 높이 10cm)의 공시체를 얇은 고무(rubber sleeve라 부른다)로 싸서 3축실(chamber)에 잠수시켜 σ_3의 응력으로 시료전체를 압축하는데, 이 응력은 어느 지반 내의 깊이를 재현하는 것을 고려한다(엄밀히 말하면 다르다). 그래서 연직응력을 서서히 증가시켜($\sigma_3 + \triangle\sigma = \sigma_1$) 공시체를 파괴하는 시험이다.

또 그림 5.3(c)은 일축압축시험을 나타내는 것인데 이 시험은 대기 중에서 하는 것으로 시료를 구속하는 압력은 없다($\sigma_3 = 0$). 그런데 전단시험은 현지의 배수상태도 재현할 필요가 있다. 특히 배수상태를 제어하기 쉬운 것이 삼축압축시험기이다. 이 배수조건에 대하여 표시하면 압밀배수시험(Consolidation Drainage Test에서 CD시험이라 한다)은 전단시에 과잉간극수압을 발생시키지 않는 경우에 하는 시험으로, 전단하는 시간을 여유 있게 길게 할 필요가 있다. 바꿔 말하면 구조물을 지반에 축조하고 나서 장기간이 경과한 후 지반은 압밀이 완료되고 과잉간극수압은 소진된 상태의 안정성을 검토할 때에 사용된다. 즉 토입자 사이에는 유효응력만이 작용하고 있다고 고려한다. 강도정수는 c_d, ϕ_d로 나타낸다.

다음에 압밀비배수시험(Consolidation-Undrainage Test에서 CU시험이라 한다)이 있다. 이 상태는 구조물을 서서히 구축할 때를 가정한다. 우선 제1단계에서 압밀시키고, 다음 단계로 진행된다고 하는 상태로, 강도정수는 c_{cu}, ϕ_{cu}로 나타낸다. 이때, 과잉간극수압을 계측하면서 전단시험을 하면 유효응력($\sigma' = \sigma - u_w$)이 구해지므로, CD시험과 같은 결과가 되기 때문에 전단에 시간이 걸리지 않는 편리함 때문에 CD시험을 대신하여 사용하는 경우가 많다. 이것을 $\overline{CU}$ 시험이라 한다. 이때의 강도정수는 c', ϕ'로 나타낸다. 따라서 Coulomb식은 다음과 같이 된다.

$$s = c' + \sigma' \tan \phi' \tag{5.3}$$

비압밀비배수시험(Unconsolidation Undrainage Test에서 UU시험이라 한다)은 압밀도 배수도 시키지 않고 전단하는 것으로 구조물을 재하한 직후에 급속한 안정성을 확인하기 위하여 사용한다. 그림 5.3(c)의 일축압축시험도 이 조건과 일치한다. 강도정수는 c_u, ϕ_u로 나타내며, 앞에서도 기술하였지만 포화점토는 $\phi_u = 0$이 된다.

그런데 삼축압축시험은 같은 흙에서 같은 상태(함수비나 밀도)의 공시체를 3개 이상 사용하여 σ_3이 다른 상태에서 파괴시험을 실시한다. 구해진 각각의 σ_3, σ_1에서 $(\sigma_1 - \sigma_3)/2$를 반경으로 하는 원을 그리는데, 이것이 Mohr의 응력원(Mohr's stress circle)이라 부르는 것이다(그림 5.4(b)). 이 여러 개의 응력원에 공통 접선을 잇는 것에 따라 강도정수가 얻어진다. 삼축압축시험에서는 그림 5.4(a)에 표시한 상태가 된다. 그러나 파괴면을 명확히 관측할 수 없으므로 여러 개의 공시체에 의하여 응력원을 그려 강도정수를 구하고 있다. 이 응력원은 유용하여 공시체 내의 임의의 α에 대한 σ_a와 τ_a의 궤적을 나타내고 있다. 따라서 σ_1과 σ_3을 알면 공시체 내부의 모든 면에 대해서 σ_a와 τ_a를 알 수 있다. 또한 그림 5.4(b)의 파괴면에 접할 때까지 시료는 파괴되지 않는다. 첨자 f는 파괴시를 나타낸다.

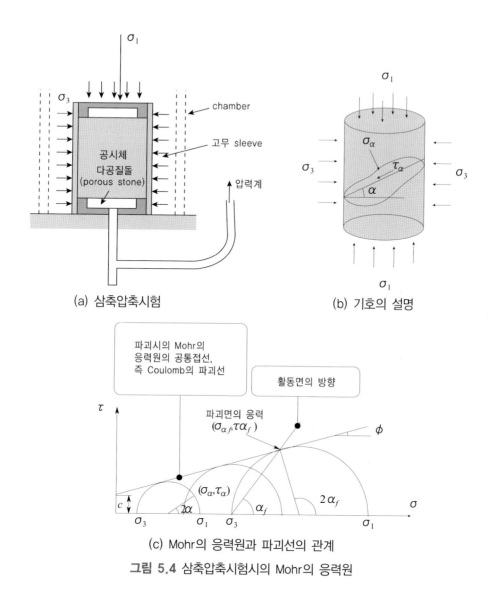

(a) 삼축압축시험

(b) 기호의 설명

(c) Mohr의 응력원과 파괴선의 관계

그림 5.4 삼축압축시험시의 Mohr의 응력원

5.3 [흙 부대]로 배우는 Mohr·Coulomb의 파괴기준

옛날부터 흙 부대는 신뢰성이 높은 건설재료의 하나로 성능이 입증된 의미 깊은 토목재료이다. 이것은 Solpac(솔팩은 흙 또는 흙과 비슷한 것을 자루에 채운 건설자재이다. 자루에 채움으로써 흙의 구속을 보강하여 흙의 강도를 향상시킨다)이라 불리는 것으로 이것을 쌓아 올린 구조체는 건설된 구조물로서의 성능을 인정받고 있다. 이 성능규정화의 흐름은 이후 더욱 더 확대될 것으로 예상된다. 이 Solpac의 성능을 평가를 하는 과정에서 Mohr·Coulomb의 파괴기준(Mohr·Coulomb's failure criterion)을 배울 수 있어 소개한다.

우선 흙 부대에 점착력이 없고 내부마찰각만을 가진 모래를 채운다. 이것을 그림 5.5에 표시한 것과 같이 압축시험기에서 눌러 부수려고 하면, 흙 부대가 평평하게 되어 그림 5.6과 같이 장력 T가 작용한다. 이 장력 T(단위길이 당)에 의해 2차원 [흙 부대]의 속채움재에는 부가적인 구속응력 $\sigma_{01}=2T/B$, $\sigma_{03}=2T/H$ 가 각각 작용한다. 이 장력 T의 발생에 의하여 흙 부대에 힘이 부가되는 것을 알 수 있다.

흙 부대에 채워진 내부마찰각만을 가진 흙의 Mohr·Coulomb의 파괴기준을 생각하면 그림 5.7과 같이 된다.

그림 5.5 흙 부대(Solpac)의 내압시험. [(주)테크노솔 제공]

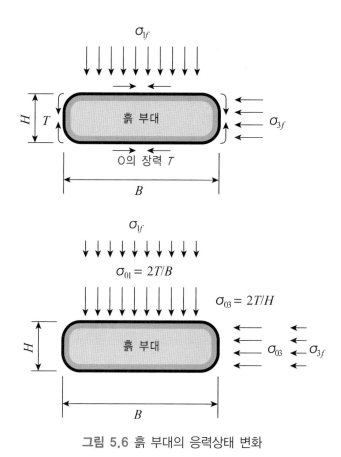

σ_{1f}

흙 부대

H T

0의 장력 T

B

σ_{3f}

σ_{1f}

$\sigma_{01} = 2T/B$

$\sigma_{03} = 2T/H$

흙 부대

H

σ_{03} σ_{3f}

B

그림 5.6 흙 부대의 응력상태 변화

이 그림에서 $\sin\phi$ 를 구해서 정리하면 최대주응력 σ_1 은 다음과 같이 된다.

$$\sin\phi = \frac{\dfrac{\sigma_1 - \sigma_3}{2}}{\dfrac{\sigma_1 + \sigma_3}{2}} \rightarrow \sigma_1 \sin\phi + \sigma_3 \sin\phi = \sigma_1 - \sigma_3$$

$$\sigma_1(1 - \sin\phi) = \sigma_3(1 - \sin\phi)$$

$$\sigma_1 = \sigma_3 \frac{1 + \sin\phi}{1 - \sin\phi} = \sigma_3\left(45° + \frac{\phi}{2}\right) = \sigma_3 K_p \tag{5.4}$$

여기서, $K_p = (1+\sin\phi) \,/\, (1-\sin\phi)$는 수동토압계수이다.

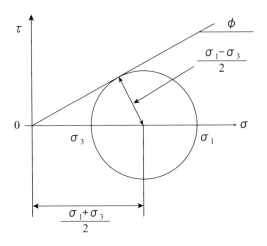

그림 5.7 Mohr · Coulomb의 파괴기준(c=0)

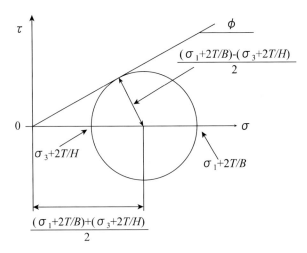

그림 5.8 흙 부대의 Mohr · Coulomb의 파괴기준(c=0)

한편, 흙 부대의 속채움재에는 부가적인 구속응력 $\sigma_{01}=2T/B$, $\sigma_{03}=2T/H$가 각각 작용한 내부마찰각만을 가지는 경우의 Mohr · Coulomb의 파괴기준은 그림 5.8과 같이 나타낼 수 있는데 최대주응력 σ_1은 다음과 같이 된다.

$$\left(\sigma_1 = 2T/B\right) = \left(\sigma_3 = 2T/H\right)K_p$$
$$\sigma_1 = \sigma_3 K_p + \left(2T/H\right)K_p - 2T/B$$

$$\sigma_1 = \sigma_3 K_p + \left(2T/B\right)\left\{\left(B/H\right)K_p - 1\right\} \tag{5.5}$$

(5.5)식은 (5.4)식에 우변의 제2항이 추가되어 있는 것을 알 수 있다.

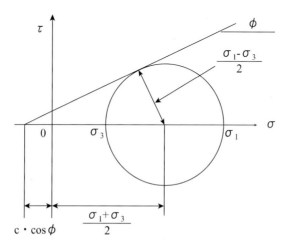

그림 5.9 Mohr · Coulomb의 파괴기준(ϕ와 c가 존재)

이 점을 고려하기 위하여 ϕ와 c가 존재하는 경우의 Mohr · Coulomb의 파괴기준을 표시하면 최대주응력 σ_1은 다음과 같다.

$$\sin\phi = \frac{\dfrac{\sigma_1 - \sigma_3}{2}}{c \cdot \cot\phi + \dfrac{\sigma_1 + \sigma_3}{2}}$$
$$\sigma_1 - \sigma_3 = 2c \cdot \cos\phi + \left(\sigma_1 - \sigma_3\right)\sin\phi$$
$$\sigma_1\left(1 - \sin\phi\right) = 2c \cdot \cos\phi + \sigma_3\left(1 + \sin\phi\right)$$
$$\sigma_1 = \frac{2c \cdot \cos\phi}{1 - \sin\phi} + \sigma_3 \frac{1 + \sin\phi}{1 - \sin\phi}$$

$$\sigma_1 = \sigma_3 K_p + 2c\sqrt{K_p} \tag{5.6}$$

따라서 (5.5)식과 (5.6)식에서

$$2c\sqrt{K_p} = (2T/B)\{(B/H)K_p - 1\}$$

$$c = (T/B)\{(B/H)K_p - 1\}/\sqrt{K_p} \tag{5.7}$$

가 되어 내부마찰각만을 가지는 속채움재를 흙 부대에 채운 것만으로 점착력이 존재하는 건설재료로 변하는 것이 입증되었다.

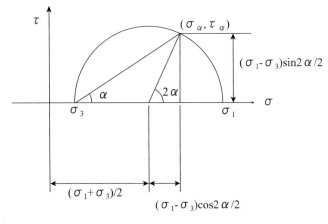

그림 5.10 Mohr의 응력원

지금까지의 설명은 최대주응력이 증가하여 파괴선에 접했을 때의 것이었지만 그림 5.10에 표시한 것과 같이 그것 이외에 임의의 각을 α로 표시하면

$$\sigma_\alpha = \frac{\sigma_1 + \sigma_3}{2} + \frac{\sigma_1 - \sigma_3}{2}\cos 2\alpha, \quad \tau = \frac{\sigma_1 - \sigma_3}{2}\sin 2\alpha \tag{5.8}$$

가 되어 c, ϕ는 다음과 같이 구할 수 있다.

$$\phi = 2\alpha_f - 90°, \quad c = \frac{\sigma_{\alpha f} - \sigma_3}{2} \sec\phi \frac{\sigma_{\alpha f} + \sigma_3}{2} \tan\phi \tag{5.9}$$

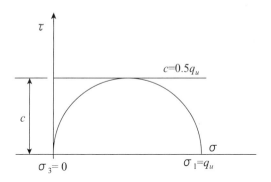

그림 5.11 일축압축시험의 Mohr의 응력원

일축압축시험에서는 대기 중에서 UU시험을 하는 것과 같은 것이기 때문에 그림 5.11과 같이 응력원을 그릴 수 있다. 따라서 전단강도 s는

$$s = c_u = \frac{q_u}{2} \tag{5.10}$$

가 된다. 다음에 비압밀 비배수조건의 기준에서 삼축압축시험을 실시하면 그림 5.12의 결과를 얻는다.

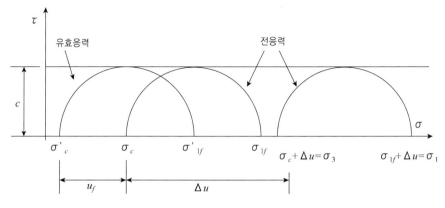

그림 5.12 삼축압축시험에 있어서 Mohr의 응력원(UU시험)

c_u의 값은 측압에 관계없이 일정하다. 비압밀비배수 상태에서 $\Delta\sigma$는 Δu가 되므로 유효응력은 변하지 않는다. 간극수압을 계측하여 유효응력을 기준으로 한 응력원을 그리면 언제나 같은 응력원을 그리게 된다. 즉, 파괴시의 축차응력(軸差應力, deviatoric stress)($\sigma_1 - \sigma_3$, 주응력차라고 한다.)이 측압 σ_3에 관계없이 일정하게 되므로 전단강도 s는 일축압축시험의 결과와 같은 결과를 얻는다.

$$s = c_u = \frac{\sigma_{1f} - \sigma_c}{2} = \frac{\sigma_1 - \sigma_3}{2} = \frac{\sigma'_{1f} - \sigma'_c}{2} \tag{5.11}$$

5.4 사질토와 점성토 성질의 차이

모래를 전단할 때에 조밀한 모래는 전단면을 따라 모래입자가 이동할 때에 다른 모래입자를 넘게 되어 체적이 팽창한다. 느슨한 모래의 경우에는 역으로 체적이 감소한다. 이와 같은 체적변화의 현상을 다일레이턴시(Dilatancy)라고 말한다. 밀도가 중간 정도인 모래가 전단파괴를 일으킬 때에 초기의 간극비와 거의 같은 상태로 생기는 것이다. 이 간극비를 한계간극비(critical void ratio)라 부른다.

모래의 액상화(liquefaction)(또는 모래의 유동화)란 물로 포화되어 느슨하게 퇴적된 모래가 간극수를 배수하는 것보다 먼저 전단되었을 때(이 상태가 지진이다), 가해진 힘은 토입자에 전달되지 않고 간극수가 부담하게 되어 전단저항이 일어나지 않는 상태가 되는 모래의 거동을 말한다.

자연 상태에 있는 모래가 교란되면 전단강도가 저하한다. 이 교란된 정도를 예민비(sensitivity ratio)라고 한다. 예민비는 말뚝을 지반에 타입할 때 말뚝 주변의 흙이나, 연약한 지반에서의 공사에서 중기가 왕래하면서 교란하였을 때에 고려할 필요가 있다. S_t=4~8을 예민한 흙, 8 이상을 매우 예민한 흙이라고 한다. 한편, 다져진 점토가 시간의 경과와 함께 회복하는 경우가 있다. 이 성질을 틱소트로피(Thixotropy)라고 한다.

어느 흙의 내부마찰각 ϕ 가 30도이며 점착력이 50kN/m²이다. 이 공시체를 삼축압축시험기에서 σ_3=100kN/m², σ_1=250kN/m²의 응력부하상태로 할 때에 ① 공시체가 파괴할 것인가? Mohr의 응력원을 그리시오. ② 최대주응력을 얼마까지 증가시키면 파괴하는가? ③ 파괴가 발생할 때에 파괴면의 기울기는 얼마인가?

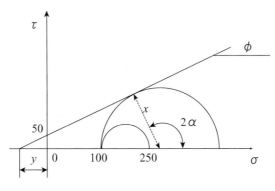

그림 5.13 예제 5.1 Mohr의 응력원

예제 5.1의 해답

① 그림 5.13에 표시한 것과 같이 파괴는 없다.

② 최대주응력의 계산

$$\tan 30° = \frac{50}{y} \text{에서} \quad y = 86.6$$

$$\sin 30° = \frac{x}{186.6 + x} \text{에서} \quad 0.5x = 93.3 \quad \therefore x = 186.6$$

$$\frac{\sigma_1 - \sigma_3}{2} = 186.6$$

$$\frac{\sigma_1 - 100}{2} = 186.6 \text{에서}$$

$$\sigma_1 = 473.2 \, (\text{kN/m}^2)$$

③ 기울기의 계산

$$2\alpha = 120° \quad \therefore \alpha = 60°$$

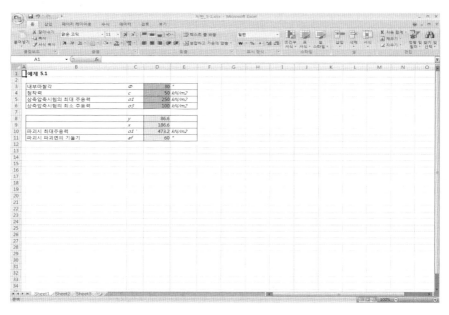

그림 5.14 예제 5.1 Excel 해답 예

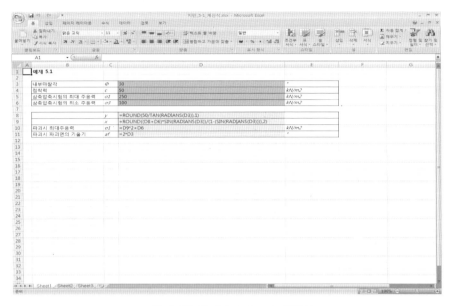

그림 5.15 예제 5.1 Excel 계산식

예제 5.2

그림 5.16에 표시한 A-A단면에 생기는 연직응력과 전단응력은 얼마가 되겠는가? Mohr의 응력원을 그리시오.

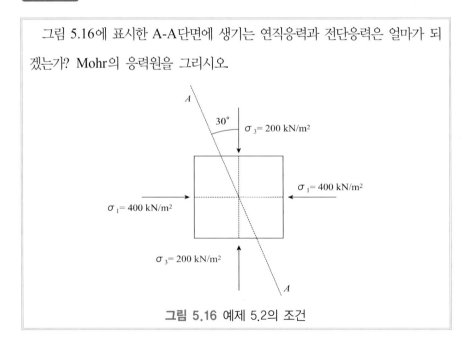

그림 5.16 예제 5.2의 조건

$$\sigma_\alpha = \frac{\sigma_1 + \sigma_3}{2} + \frac{\sigma_1 - \sigma_3}{2}\cos 2\alpha$$

$$= \frac{400 + 200}{2} + \frac{400 - 200}{2}\cos 60°$$

$$= 350\,(\text{kN/m}^2)$$

$$\tau = \frac{\sigma_1 - \sigma_3}{2}\sin 2\alpha$$

$$= \frac{400 - 200}{2}\sin 60°$$

$$= 86.6\,(\text{kN/m}^2)$$

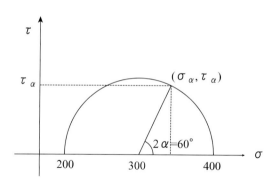

그림 5.17 예제 5.2의 Mohr의 응력원

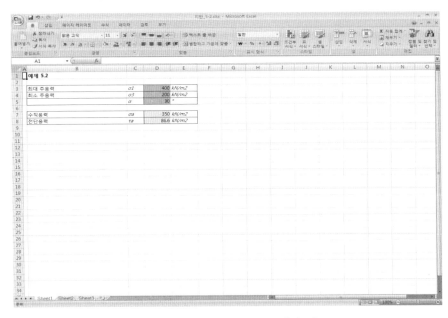

그림 5.18 예제 5.2 Excel 해답 예

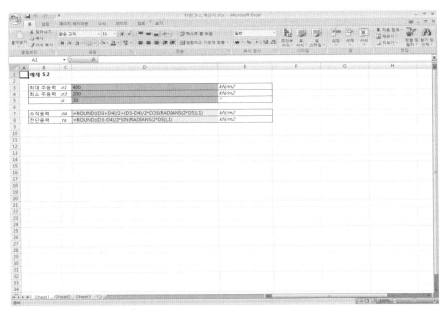

그림 5.19 예제 5.2 Excel 계산식

그림 5.20에 표시한 것과 같이 연직응력과 전단응력이 발생하고 있다. 최대주응력과 최소주응력을 계산하시오. 또, 최대주응력의 방향을 그리시오.

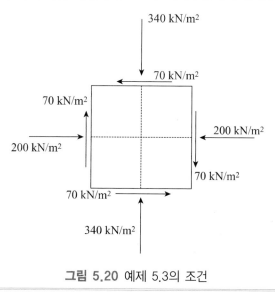

340 kN/m²

70 kN/m²

70 kN/m²

200 kN/m²

200 kN/m²

70 kN/m²

70 kN/m²

340 kN/m²

그림 5.20 예제 5.3의 조건

예제 5.3의 해답

Coulomb의 파괴기준식에서

$$\tau = c + \sigma \tan \phi$$

압축측의 전단응력을 플러스로 하면

$$\begin{cases} 70 = c + 340 \tan \phi \\ -70 = c + 200 \tan \phi \end{cases}$$

위의 식을 연립방정식으로 풀면, $\tan \phi = 1$에서 $c = -270$이 되므로

$$\tau = \sigma - 270$$

응력원의 중심에는 $\tau=0$이므로

$\quad$ $\sigma=270\text{kN/m}^2$

340-270=70kN/m²이므로, 기울기는 2α=45도

따라서 응력원 반경의 크기는 $70\sqrt{2}$ 이므로 최대주응력은

$\quad$ $\sigma_1 = 270 + 70\sqrt{2} = 369.0 \text{ kN/m}^2$

최소주응력은

$\quad$ $\sigma_3 = 270 - 70\sqrt{2} = 171.0 \text{ kN/m}^2$

주응력면과의 기울기 α=22.5°에서 그림 5.22에 표시한 것과 같다.

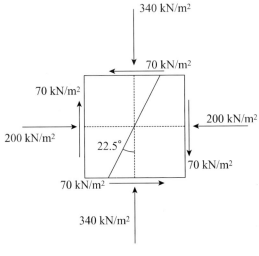

그림 5.21 예제 5.3의 결과

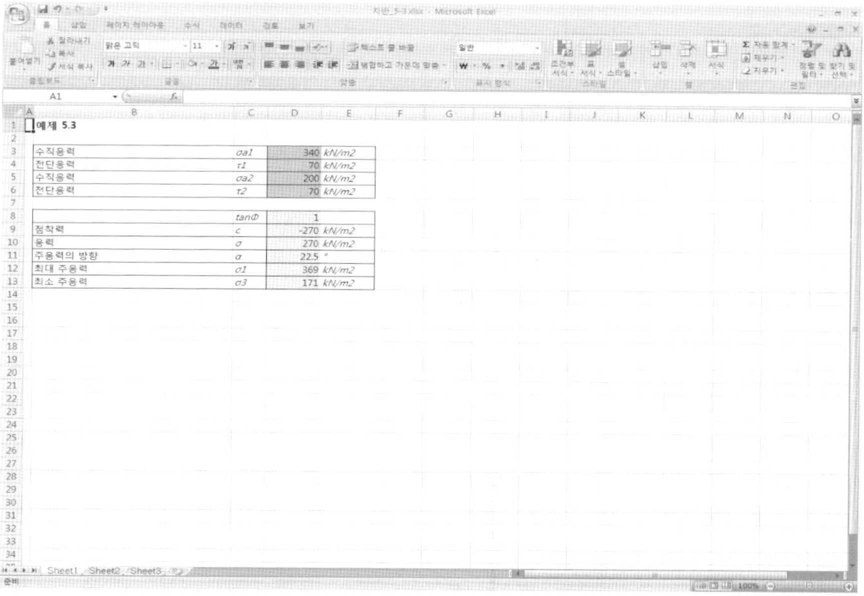

그림 5.22 예제 5.3 Excel 해답 예

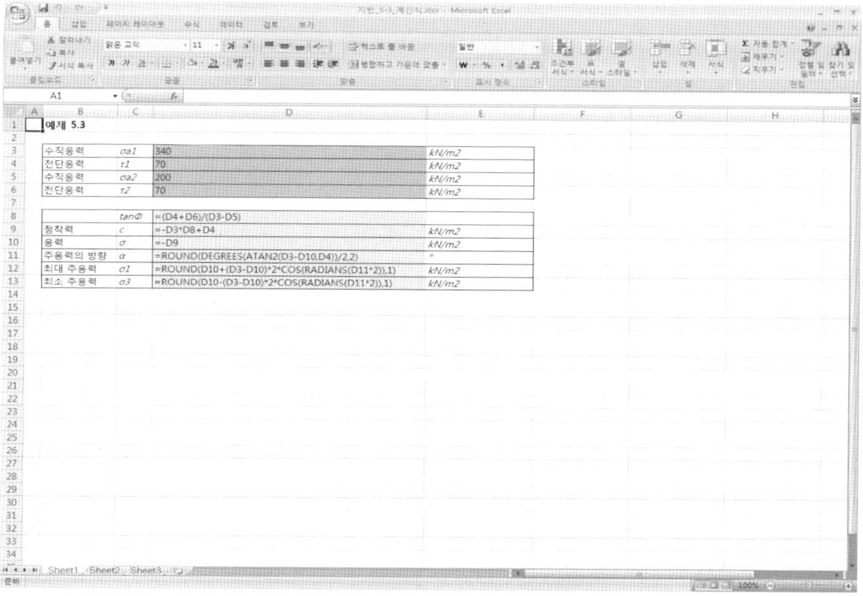

그림 5.23 예제 5.3 Excel 계산식

그림 5.24와 같은 상자에 건조한 모래가 채워져 있다. 토입자의 밀도는 $\rho_s=2.8\,\text{g/m}^3$, 간극비는 1.0이다. 또, 정지토압계수는 $K_0=0.5$이다. ① 모래의 표면에서 5.0m에 있는 점에 있어서 45°로 경사진 A-A단면에 작용하는 연직응력과 전단응력은 얼마인가? ② 다음에 상자에 물을 가득 채워서 수면과 시료표면을 같게 하였다. A-A단면에 작용하는 연직응력과 전단응력은 얼마인가? ③ 전응력과 유효응력은 얼마인가?

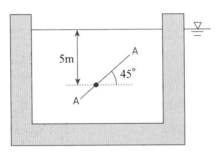

5m

A

45°

A

그림 5.24 예제 5.4 흙 상자

① 5m 지점의 연직응력과 전단응력의 계산

$$\rho_d = \frac{\rho_s}{1+e} = \frac{2.8}{1+1.0} = 1.4\,\text{t/m}^3$$

$$\gamma_d = 1.4 \times 9.81 = 13.73\,\text{kN/m}^3$$

$$\sigma_1 = 13.73 \times 5.0 = 68.65\,\text{kN/m}^2$$

$$\sigma_3 = K_0 \cdot \sigma_1 == 0.5 \times 68.65 = 34.33\,\text{kN/m}^2$$

$$\sigma_\alpha = \frac{\sigma_1 + \sigma_3}{2} + \frac{\sigma_1 - \sigma_3}{2}\cos 2\alpha = \frac{68.65+34.33}{2} + \frac{68.65-34.33}{2} \times \cos 90° = 51.49\,\text{kN/m}^2$$

$$\tau_\alpha = \frac{\sigma_1 - \sigma_3}{2}\sin 2\alpha = \frac{68.65-34.33}{2} \times \sin 90° = 17.16\,\text{kN/m}^2$$

② 물로 채웠을 때 A-A단면에 작용하는 연직응력과 전단응력

$$\rho_{sat} = \frac{\rho_s + \rho_w e}{1+e} = \frac{2.8 + 1.0 \times 1.0}{1+1.0} = 1.9 \, \text{t/m}^3$$

$$\gamma_{sat} = 1.9 \times 9.81 = 18.64 \, \text{kN/m}^3$$

$$\sigma_1 = 18.64 \times 5.0 = 93.20 \, \text{kN/m}^2$$

$$\sigma_1' = \sigma_1 - u = 93.2 - 5 \times 9.81 = 44.15 \, \text{kN/m}^2$$

$$\sigma_3 = K_0 \cdot \sigma_1' + u = 0.5 \times 44.15 + 5 \times 9.81 = 71.13 \, \text{kN/m}^2$$

$$\sigma_3' = K_0 \cdot \sigma_1' = 0.5 \times 44.15 = 22.08 \, \text{kN/m}^2$$

③ 전응력과 유효응력의 계산

• 전응력

$$\sigma_\alpha = \frac{\sigma_1 + \sigma_3}{2} + \frac{\sigma_1 - \sigma_3}{2} \cos 2\alpha$$

$$= \frac{93.20 + 71.13}{2} + \frac{93.20 - 71.13}{2} \cos 90°$$

$$= 82.17 \, \text{kN/m}^2$$

$$\tau_\alpha = \frac{\sigma_1 - \sigma_3}{2} \sin 2\alpha = \frac{93.20 - 71.13}{2} \sin 90°$$

$$= 11.04 \, \text{kN/m}^2$$

• 유효응력

$$\sigma_\alpha = \frac{\sigma_1' + \sigma_3'}{2} + \frac{\sigma_1' - \sigma_3'}{2} \cos 2\alpha$$

$$= \frac{44.15 + 22.08}{2} + \frac{44.15 - 22.08}{2} \cos 90°$$

$$= 33.12 \, \text{kN/m}^2$$

$$\tau_\alpha = \frac{\sigma_1' - \sigma_3'}{2} \sin 2\alpha$$

$$= \frac{44.15 - 22.08}{2} \sin 90°$$

$$= 11.04 \, \text{kN/m}^2$$

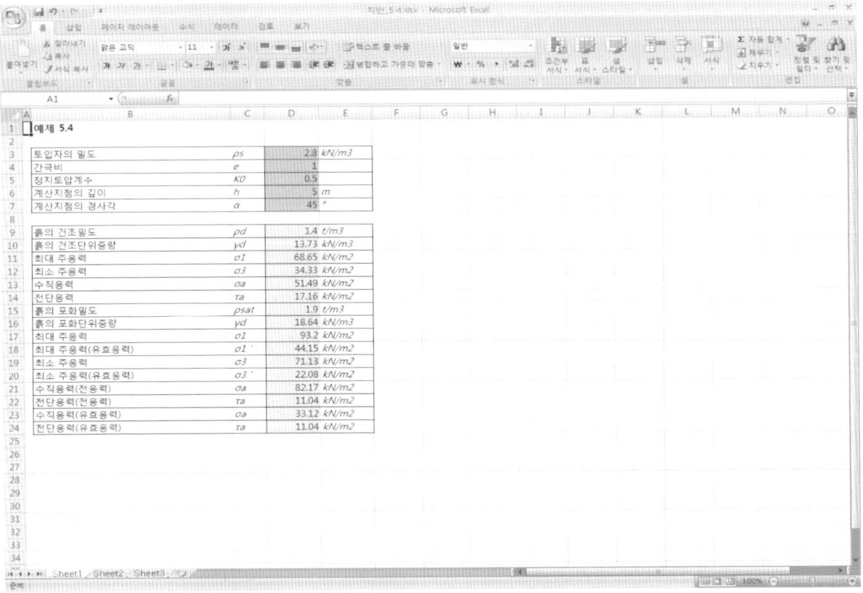

예제 5.4

토입자의 밀도	ρs	2.8	kN/m3
간극비	e	1	
정지토압계수	K0	0.5	
계산지점의 깊이	h	5	m
계산지점의 경사각	α	45	°

흙의 건조밀도	ρd	1.4	t/m3
흙의 건조단위중량	γd	13.73	kN/m3
최대 주응력	σ1	68.65	kN/m2
최소 주응력	σ3	34.33	kN/m2
수직응력	σa	51.49	kN/m2
전단응력	τa	17.16	kN/m2
흙의 포화밀도	ρsat	1.9	t/m3
흙의 포화단위중량	γd	18.64	kN/m3
최대 주응력	σ1	93.2	kN/m2
최대 주응력(유효응력)	σ1 '	44.15	kN/m2
최소 주응력	σ3	71.13	kN/m2
최소 주응력(유효응력)	σ3 '	22.08	kN/m2
수직응력(전응력)	σa	82.17	kN/m2
전단응력(전응력)	τa	11.04	kN/m2
수직응력(유효응력)	σa	33.12	kN/m2
전단응력(유효응력)	τa	11.04	kN/m2

그림 5.25 예제 5.4 Excel 해답 예

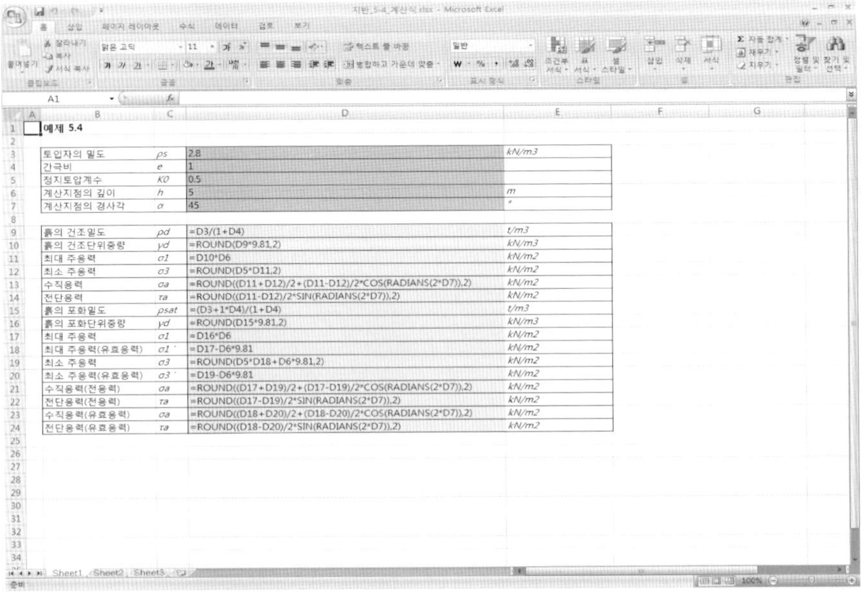

예제 5.4

토입자의 밀도	ρs	2.8	kN/m3
간극비	e	1	
정지토압계수	K0	0.5	
계산지점의 깊이	h	5	m
계산지점의 경사각	α	45	°

흙의 건조밀도	ρd	=D3/(1+D4)	t/m3
흙의 건조단위중량	γd	=ROUND(D9*9.81,2)	kN/m3
최대 주응력	σ1	=D10*D6	kN/m2
최소 주응력	σ3	=ROUND(D5*D11,2)	kN/m2
수직응력	σa	=ROUND((D11+D12)/2+(D11-D12)/2*COS(RADIANS(2*D7)),2)	kN/m2
전단응력	τa	=ROUND((D11-D12)/2*SIN(RADIANS(2*D7)),2)	kN/m2
흙의 포화밀도	ρsat	=(D3+1*D4)/(1+D4)	t/m3
흙의 포화단위중량	γd	=ROUND(D15*9.81,2)	kN/m3
최대 주응력	σ1	=D16*D6	kN/m2
최대 주응력(유효응력)	σ1 '	=D17-D6*9.81	kN/m2
최소 주응력	σ3	=ROUND(D5*D18+D6*9.81,2)	kN/m2
최소 주응력(유효응력)	σ3 '	=D19-D6*9.81	kN/m2
수직응력(전응력)	σa	=ROUND((D17+D19)/2+(D17-D19)/2*COS(RADIANS(2*D7)),2)	kN/m2
전단응력(전응력)	τa	=ROUND((D17-D19)/2*SIN(RADIANS(2*D7)),2)	kN/m2
수직응력(유효응력)	σa	=ROUND((D18+D20)/2+(D18-D20)/2*COS(RADIANS(2*D7)),2)	kN/m2
전단응력(유효응력)	τa	=ROUND((D18-D20)/2*SIN(RADIANS(2*D7)),2)	kN/m2

그림 5.26 예제 5.4 Excel 계산식

제 6 장

토압

토압이 작용하는 곳(예를 들면 옹벽의 세로 벽 등)에는 그것에 접하는 흙이 있으면 그 뒤에 위치하는 흙(배면토사(backfill) 또는 뒷채움토사라 부른다)이 채워져 있다. 벽에 접하는 곳의 흙은 압력으로 작용하지만 전단력, 말을 바꾸면 벽면 마찰력도 작용하고 있다. 토압계를 벽면에 설치하여 측정하면 압력 이외에 전단력도 측정이 되므로, 실제는 단위중량에 높이를 곱한 값에 전단력만큼을 공제해 주어야 한다. 그러나 이 전단력을 측정하는 것은 매우 곤란하기 때문에 일반적으로 최악의 상태를 고려하는 측면에서 안정성을 고려해 무시하는 것이 현실이다.

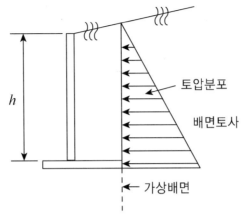

그림 6.1 캔틸레버식 옹벽

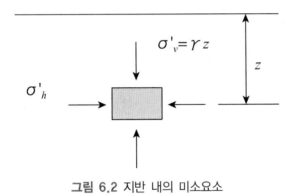

그림 6.2 지반 내의 미소요소

6.1 토압의 종류

옹벽이나 지중구조물을 구축할 때의 흙막이 공사를 계획하는 단계에서 토압의 계산이 필요하게 된다. 그림 6.2에 표시한 것과 같이 지표에서 어느 깊이에 있어서 유효응력 σ_v'는 제3장에서 배운 (3.4)식에서 구할 수 있지만, 여기서 필요로 하는 것은 구조물을 수평방향으로 움직이게 하는 응력 σ_h'이다.

이 수평응력의 종류에는 벽체가 배면토사로부터 압력을 받아서 그 흙에서 떨어지려고 할 때에 작용하는 주동토압(active earth pressure)과 반대로 벽체 쪽으로 작용하는 수동토압(passive earth pressure), 그리고 완전히 벽체의 이동이 없을 때의 정지토압(earth pressure at rest)이다. 이 토압의 크기는 주동토압<정지토압<수동토압의 순이다.

정지토압은 자연적으로 퇴적한 지반의 수평응력이나 움직임이 전혀 없는 옹벽에 가해지는 압력으로 생각하면 다음과 같이 나타낼 수 있다.

$$K_0 = \frac{\sigma_h'}{\sigma_v'} \tag{6.1}$$

여기서, 수평응력과 연직응력과의 비가 되는 K_0을 정지토압계수(coefficient of earth pressure at rest)라 하는데, Jaky의 식으로 잘 알려져 있다. 여기서 ϕ'는 유효응력 아래에서의 내부마찰각이다.

$$K_0 = 1 - \sin \phi' \tag{6.2}$$

정지토압계수의 값은 느슨한 모래에서 0.4 정도, 조밀한 모래는 0.5 정도이다. 층층이 퇴적된 조밀한 모래에서는 0.8 정도, 과압밀점토의 경우에는 2~3 정도의 값을 나타내고 있다.

주동토압과 수동토압에 있어서는 Rankine의 토압이론과 Coulomb의 토압이론을 통해서 설명하도록 한다.

6.2 Rankine의 토압

Rankine토압(Rankine earth pressure)은 소성평형상태에 있는 옹벽 배면토사에 대한 미소부분의 주응력 관계에서 옹벽에 가해지는 토압을 구하는 것으로, 배면토사는 점착력이 없는 흙으로 가정하였다. 여기서 소성평형상태라는 것은 흙이 확실히 전단파괴를 일으키려고 하는 상태를 표시하는 것이다. 따라서 랭킨토압은 파괴선에 접한 최대와 최소 주응력의 관계에서 그림 6.3에 표시한 Mohr의 응력원으로 나타낼 수 있다. 그림에서 ϕ 는 내부마찰각이다.

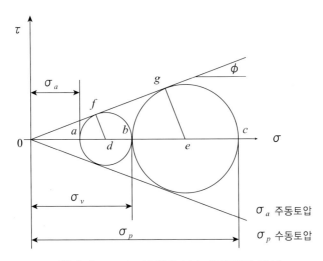

그림 6.3 Rankine토압의 Mohr응력원의 표시

그림 6.3의 기호를 사용하여 주동토압계수 K_a를 구하면 다음과 같이 된다.

$$K_a = \frac{\sigma_a}{\sigma_v} = \frac{oa}{ob} = \frac{od-ad}{od+db} = \frac{od-od\sin\phi}{od+od\sin\phi} = \frac{1-\sin\phi}{1+\sin\phi} \qquad (6.3)$$

여기서, $ad=db=df=od\ \sin\phi$ 에서 각도를 변환하면 $\sin\phi=\cos(90°-\phi)$가 되는데, 삼각함수의 반각공식을 사용하면 다음과 같이 정리할 수 있다.

$$K_a = \frac{1-\sin\phi}{1+\sin\phi} = \frac{1-\cos(90°-\phi)}{1+\cos(90°-\phi)} = \tan^2\left(45° - \frac{\phi}{2}\right) \tag{6.4}$$

같은 방법으로 정리하면 수동토압계수 K_p는 다음과 같이 된다.

$$K_p = \frac{\sigma_p}{\sigma_v} = \frac{oc}{ob} = \frac{oe+ec}{oe-be} = \frac{oe+oe\sin\phi}{oe-oe\sin\phi} = \frac{1+\sin\phi}{1-\sin\phi} = \tan^2\left(45° + \frac{\phi}{2}\right) \tag{6.5}$$

여기서, $be=ec=eg=oe\,\sin\phi$

이 토압계수를 사용하여 토압을 표시하면 수압과 같은 삼각형으로 표시되는데, 물의 밀도($1\text{t/m}^3 \rightarrow 9.81\text{kN/m}^3$)와 깊이의 관계가 비교되는 것이 많다. 물의 1에 대하여 내부마찰각의 크기에 따라 주동토압은 K_a<1, 수동토압에는 K_p>1의 값이 된다. 전술한 것과 같이 이 중간에 위치하는 것이 정지토압이다.

지금까지 구한 값은 토압계수인데, 실제로 옹벽 등의 배면에 가해지는 토압을 구하기 위해서는 내부마찰각이나 점착력이 변하는 층 등에 그 깊이에 대한 토압강도(kN/m^2)를 구하여 합력이 되는 면적(kN/m)을 계산하는 것이다. 토압의 합력 작용점은 토압분포의 중심위치이다.

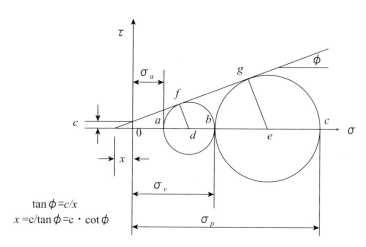

그림 6.4 점착력이 있을 때 Rankine토압의 Mohr응력원 표시

6.2.1 점착력이 있는 배면토사의 경우

Rankine토압은 점착력이 없는 흙에 대한 것이라고 전술하였지만, 그 이론을 확장하여 점착력이 있는 배면토사의 토압을 구하는 것도 가능하다. 그림 6.4에 이때의 Mohr의 응력원을 표시하였다. 그림의 기호를 이용하면

$$\sin \phi = \frac{\dfrac{\sigma_v - \sigma_a}{2}}{\dfrac{\sigma_v + \sigma_a}{2} + c \cot \phi} \tag{6.6}$$

로 표현할 수 있으므로 이 식을 변형시켜 σ_a를 구하면 다음과 같이 되는데 이 식에 의하여 주동토압의 합력이 구해진다.

$$\sigma_a = \sigma_v \frac{1 - \sin \phi}{1 + \sin \phi} - 2c \sqrt{\frac{1 - \sin \phi}{1 + \sin \phi}} = \sigma_v \tan^2 \left(45° - \frac{\phi}{2} \right) - 2c \tan \left(45° - \frac{\phi}{2} \right)$$

$$P_a = \int_0^H \sigma_a dz \tag{6.7}$$

같은 방법으로 수동토압의 합력은 다음과 같다.

$$\sigma_p = \sigma_v \frac{1 + \sin \phi}{1 - \sin \phi} + 2c \sqrt{\frac{1 + \sin \phi}{1 - \sin \phi}} = \sigma_v \tan^2 \left(45° + \frac{\phi}{2} \right) + 2c \tan \left(45° + \frac{\phi}{2} \right)$$

$$P_p = \int_0^H \sigma_p dz \tag{6.8}$$

여기서, 위의 식에서 보면 점착력은 주동토압을 경감시키는 요소가 되는 것을 알 수 있다. 따라서

$$\sigma_a \cdot a \cdot t \cdot z_c = \gamma_t \cdot z_c \tan \left(45° - \frac{\phi}{2} \right) - 2c \tan \left(45° - \frac{\phi}{2} \right) = 0 \tag{6.9}$$

가 되므로 z_c로 정리하면 주동토압이 0이 되는 점이 구해진다. 여기서 z_c를 점착높이라 부르고 있다.

$$z_c = \frac{2c}{\gamma_t} \frac{1}{\tan\left(45° - \dfrac{\phi}{2}\right)} = \frac{2c}{\gamma_t} \tan\left(45° + \frac{\phi}{2}\right) \tag{6.10}$$

이 z_c의 2배 깊이까지의 지점을 H_c로 하면 다음과 같이 나타낼 수 있다.

$$H_c = 2z_c = \frac{4c}{\gamma_t} \tan\left(45° + \frac{\phi}{2}\right) \tag{6.11}$$

위의 H_c는 토압의 마이너스와 플러스 부분이 평형을 이루고 있는 점으로, 바꾸어 말하면 주동토압이 작용하지 않는 범위를 표시하는 것이다(그림 6.5). 이와 같은 상태를 흙이 자립하고 있다고 말한다. 그러나 Rankine토압의 결과는 안전성에 대하여 위험측의 결과를 유도하기 때문에 일반적으로 다음과 같은 계산식을 사용하는 경우가 많다.

$$P_a = \int_0^H \sigma_a dz$$
$$= \frac{1}{2}\gamma_t H^2 \tan^2\left(45° - \frac{\phi}{2}\right) - 2cH \tan\left(45° - \frac{\phi}{2}\right) + \frac{2c^2}{\gamma_t} \tag{6.12}$$

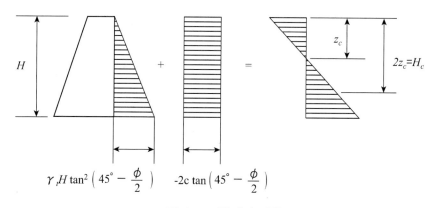

그림 6.5 점착력의 영향

6.2.2 지표면이 경사져 있는 경우

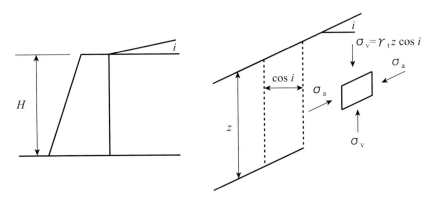

그림 6.6 지표면이 경사져 있을 때의 토압

　지표면이 경사져 있을 때의 응력상태는 그림 6.6의 우측 상세도와 같다. 이 상태에서의 토압을 Mohr의 응력원으로 표시하면 그림 6.7과 같이 된다. 이 그림에서 주동토압 부분을 따로 표시하여 기호를 붙인 것이 그림 6.8이다. 이 기호를 사용하여 식을 유도하면 다음 (6.13)식과 같이 된다.

$$
\begin{aligned}
\frac{\sigma_a}{\sigma_v} &= \frac{oc}{od} = \frac{og - gd}{od} = \frac{oa\cos i - \sqrt{R^2 - ag^2}}{oa\cos i + \sqrt{R^2 - ag^2}} \\
&= \frac{oa\cos i - \sqrt{oa\sin^2\phi - oa\sin^2 i}}{oa\cos i + \sqrt{oa\sin^2\phi - oa\sin^2 i}} \\
&= \frac{\cos i - \sqrt{\sin^2\phi - \sin^2 i}}{\cos i + \sqrt{\sin^2\phi - \sin^2 i}} \\
&= \frac{\cos i - \sqrt{\cos^2 i - \cos^2\phi}}{\cos i + \sqrt{\cos^2 i - \cos^2\phi}}
\end{aligned}
\tag{6.13}
$$

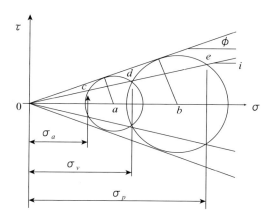

그림 6.7 지표면이 경사져 있을 때의 토압의 응력원 표시

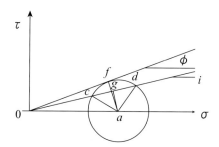

그림 6.8 주동토압부에 기호를 추가한 응력원

여기서, $s_v = \gamma_t z \cos i$, $ag = oa \sin i$, $R/oa = \sin\phi$ 와 $\sin^2\phi + \cos^2\phi = 1$ 의 관계를 이용하면 주동토압이 구해진다. 수동토압도 같은 방법으로 구할 수 있다.

$$P_a = \int_0^H \sigma_a dz = \frac{1}{2}\gamma_t H^2 \cos i \frac{\cos i - \sqrt{\cos^2 i - \cos^2 \phi}}{\cos i + \sqrt{\cos^2 i - \cos^2 \phi}}$$

$$= \frac{1}{2} \cdot \gamma_t \cdot H^2 \cdot \cos i \cdot K_a \tag{6.14}$$

$$P_p = \int_0^H \sigma_p dz = \frac{1}{2}\gamma_t H^2 \cos i \frac{\cos i + \sqrt{\cos^2 i - \cos^2 \phi}}{\cos i - \sqrt{\cos^2 i - \cos^2 \phi}}$$

$$= \frac{1}{2} \cdot \gamma_t \cdot H^2 \cdot \cos i \cdot K_p \tag{6.15}$$

6.3 Coulomb토압

　　Coulomb의 토압은 흙의 쐐기론이라 불리는 것으로 극한평형상태에 있어서 강체벽면의 배면토사가 평면의 활동면을 따라 움직이는 것을 가정하여, 토압의 합력을 활동면에서 분할된 흙쐐기와 벽면과 활동면과의 사이에 대한 힘의 평형에서 구하는 것이다.

　　Coulomb의 토압은 그림 6.9의 쐐기 W가 AB면과 BC면을 따라 아래쪽으로 움직일 때에 그것에 대항하는 힘 P_a와 R이 평형을 이루고 있다고 하면, 이때의 주동토압은 P_a와 크기가 같고 방향이 역으로 된다고 하는 생각에 근거하여 주동토압을 계산한다. 주동토압은 a의 값이 변화면 바뀌게 되므로 a를 변화시켜 최대의 P_a를 구한다.

$$P_a = \frac{1}{2} \cdot \gamma_t \cdot H^2 \cdot K_a$$

$$K_a = \frac{\sin^2(\theta - \phi)}{\sin^2 \sin(\theta + \delta) \left\{ 1 + \sqrt{\frac{\sin(\phi + \delta)\sin(\phi - i)}{\sin(\theta + \delta)\sin(\theta - i)}} \right\}^2} \qquad (6.16)$$

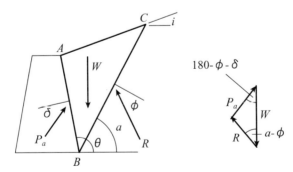

그림 6.9 Coulomb 토압의 설명도(주동토압)

한편 수동토압은 그림 6.10에 표시한 것과 같이 주동토압일 때와 반대로 쐐기를 위쪽방향으로 들어 올리는 케이스로 가정하여 계산한다. 이때에는 a를 변화시켜 P_p의 최솟값을 구한다. 각각의 계산식은 토압 P의 a에 따른 편미분 $\partial P/\partial a$에 의하여 다음과 같이 된다.

$$P_p = \frac{1}{2} \cdot \gamma_t \cdot H^2 \cdot K_p$$

$$K_p = \frac{\sin^2(\theta + \phi)}{\sin^2 \sin(\theta - \delta)\left\{ 1 - \sqrt{\dfrac{\sin(\phi + \delta)\sin(\phi + i)}{\sin(\theta - \delta)\sin(\theta - i)}} \right\}^2} \tag{6.17}$$

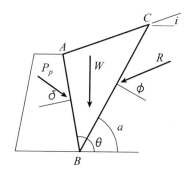

그림 6.10 Coulomb 토압의 설명도(수동토압)

6.3.1 점착력이 있는 경우의 Coulomb토압

Coulomb의 경우는 주동토압이 0이 되는 점까지 즉, 주동토압이 가해지는 구간을 z_c까지 밑으로 내리고 나머지 구간인 $H-z_c$에 내부마찰각 ϕ가 존재하는 만큼의 배면토사를 가지고 다음 식으로 계산한다(기호는 그림 6.11 참조).

$$P_a = \frac{1}{2}\gamma_t \left(H - z_c\right)^2 K_a$$

$$z_c = \frac{2c}{\gamma_t}\tan\left(45° + \frac{\phi}{2}\right) \tag{6.18}$$

$$h_a = \frac{H - z_c}{3}$$

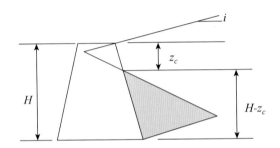

그림 6.11 점착력이 있을 때의 Coulomb 토압의 설명

6.4 등분포하중이 재하되었을 때의 Rankine과 Coulomb토압

Rankine토압에서의 연직응력은 $\sigma_v = \gamma_t z + q$, 주동토압은 $P_a = (\gamma_t z + q)K_a = \gamma_t z \cdot K_a + q \cdot K_a$이므로 옹벽의 높이 H를 z에 대입하면 주동토압의 합력은 다음과 같이 된다.

$$P_a = \frac{1}{2}\gamma_t \{(\gamma_t \cdot H + q)K_a + q \cdot K_a\}H = \frac{1}{2}\gamma_t \cdot H^2 \cdot K_a + q \cdot H \cdot K_a \qquad (6.19)$$

또한 지표면이 수평이면 다음 식으로 계산한다.

$$P_a = \left(\frac{1}{2}\gamma_t H^2 + qH\right)\tan^2\left(45° - \frac{\phi}{2}\right) \qquad (6.20)$$

$$P_p = \left(\frac{1}{2}\gamma_t H^2 + qH\right)\tan^2\left(45° + \frac{\phi}{2}\right) \qquad (6.21)$$

토압의 합력 작용점은 사다리꼴의 중심 계산식을 이용하지만, 그림 6.12에 표시한 것과 같이 지점 0에 대한 모멘트의 평형에서 구하는 것이 좋다.

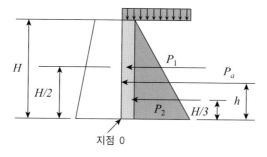

그림 6.12 등분포하중이 재하되었을 때의 Rankine 토압

Coulomb토압에서의 토압계산에서는 다음 식과 같이 가상의 배면이 존재하는 것과 같은 환산높이를 고려하여 옹벽의 높이 H구간에 작용하고 있는 토압을

구한다. 기호는 그림 6.13을 참조

$$\Delta H = \frac{q}{\gamma_t} \cdot \frac{\sin\theta}{\sin(\theta - i)} \tag{6.22}$$

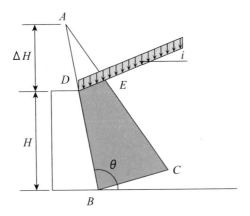

그림 6.13 등분포하중이 재하되었을 때의 Coulomb 토압

실제로 계산할 때에는 $P_a = P_{\triangle ABC} - P_{\triangle ADE}$에서 구하는데, 일반적으로 다음과 같다.

$$\begin{aligned} P_a &= \frac{1}{2}\gamma_t \left\{ \left(H + \frac{q}{\gamma_t} \cdot \frac{\sin\theta}{\sin(\theta - i)} \right)^2 - \left(\frac{q}{\gamma_t} \cdot \frac{\sin\theta}{\sin(\theta - i)} \right)^2 \right\} K_a \\ &= \frac{1}{2}\gamma_t \cdot H^2 \cdot K_a + \frac{\sin\theta}{\sin(\theta - i)} q \cdot H \cdot K_a \end{aligned} \tag{6.23}$$

위의 식에서 $i=0$, $\theta=90°$, $\delta=0°$으로 하면 다음 식과 같이 되는네, Rankine 의 (6.20)식과 같아진다.

$$P_a = \left(\frac{1}{2}\gamma_t H^2 + qH \right) \tan^2\left(45° - \frac{\phi}{2} \right) \tag{6.24}$$

6.5 지하수가 존재하는 벽면에 생기는 주동토압을 Coulomb토압으로 계산

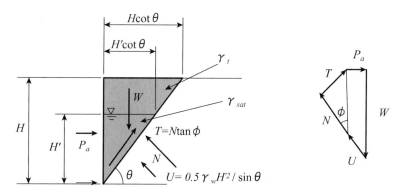

그림 6.14 배면토사에 지하수위가 존재할 때의 힘의 평형

그림 6.14와 같이 배면토사에 지하수가 존재하는 경우에 대한 주동토압의 합력을 구해보면 쐐기의 중량 W는 다음과 같이 구할 수 있다.

$$
\begin{aligned}
W &= \frac{1}{2}\gamma_{sat}H'^2\cot\theta + \gamma_t\left(H-H'\right)H'\cot\theta + \frac{1}{2}\gamma_t\left(H-H'\right)^2\cot\theta \\
&= \frac{1}{2}\gamma_{sat}H'^2\cot\theta + \frac{1}{2}\gamma_t\left(H^2-H'^2\right)\cot\theta
\end{aligned}
\tag{6.25}
$$

다음에 주동토압을 구하기 위하여 연직방향과 수평방향의 합력을 각각 구하면, 연직방향은 다음과 같이 유도할 수 있다.

$$
W - T\sin\theta - N\cos\theta - U\cos\theta = 0
$$

$$
\frac{1}{2}\gamma_{sat}H'^2\cot\theta + \frac{1}{2}\gamma_t\left(H^2-H'^2\right)\cot\theta - N(\tan\phi\cdot\sin\theta+\cos\theta) - \frac{1}{2}\gamma_w H'^2\cot\theta = 0
\tag{6.26}
$$

$\gamma'=\gamma_{sat}-\gamma_w$에서 $\gamma_{sat}=\gamma'-\gamma_w$이므로 (6.26)식은 다음과 같이 된다.

$$\frac{1}{2}\gamma'H'^2\cot\theta + \frac{1}{2}\gamma_t\left(H^2 - H'^2\right)\cot\theta - N\left(\tan\phi\sin\theta + \cos\theta\right) = 0$$

$$\frac{1}{2}\gamma'H'^2\cot\theta + \frac{1}{2}\gamma_t\left(H^2 - H'^2\right)\cot\theta = N\left(\tan\phi\sin\theta + \cos\theta\right)$$

(6.27)

한편 수평방향도 마찬가지로 다음과 같이 유도할 수 있다.

$$P_a + \frac{1}{2}\gamma_w H'^2 - N\sin\theta + T\cos\theta - \frac{1}{2}\gamma_w H'^2 = 0$$

$$T = N\tan\phi$$

$$P_a = N\left(\sin\theta - \cos\theta\tan\phi\right)$$

(6.28)

구조물이 이 상태에서 정지하고 있다고 생각하면 (6.27)식과 (6.28)식을 대입하여 정리하면 다음과 같이 된다.

$$\frac{P_a}{N\left(\sin\theta - \cos\theta\tan\phi\right)} = \frac{\dfrac{1}{2}\gamma'H'^2\cos\theta + \dfrac{1}{2}\gamma_t\left(H^2 - H'^2\right)\cot\theta}{N\left(\tan\phi\sin\theta + \cos\theta\right)}$$

$$\begin{aligned}
P_a &= \frac{\left\{\dfrac{1}{2}\gamma'H'^2 + \dfrac{1}{2}\gamma_t\left(H^2 - H'^2\right)\right\}\cot\theta}{N\left(\tan\phi\sin\theta + \cos\theta\right)} \times N\left(\sin\theta - \cos\theta\tan\phi\right) \\
&= \left\{\frac{1}{2}\gamma'H'^2 + \frac{1}{2}\gamma_t\left(H^2 - H'^2\right)\right\}\cot\theta \times \frac{\left(\sin\theta - \cos\theta\tan\phi\right)}{\left(\cos\theta + \tan\phi\sin\theta\right)}
\end{aligned}$$

위의 식에서

$$\frac{\left(\sin\theta - \cos\theta\tan\phi\right)}{\left(\cos\theta + \tan\phi\sin\theta\right)}$$

에 착안하여 $\cos\theta$로 분모, 분자를 나누면

$$\frac{\tan\theta - \tan\phi}{1 + \tan\theta\tan\phi} = \tan(\theta - \phi)$$

가 되므로 가법정리로 변형시킬 수 있다. 따라서 주동토압은 다음 식과 같이 된다.

$$P_a = \left\{ \frac{1}{2} \gamma' H'^2 + \frac{1}{2} \gamma_t \left(H^2 - H'^2 \right) \right\} \cot \theta \tan(\theta - \phi) \qquad (6.29)$$

θ에 관한 P_a의 최댓값을 구하기 위해 P_a의 θ에 관한 편미분을 구하면 아래와 같다.

$$\frac{\partial P_a}{\partial \theta} = \left\{ \frac{1}{2} \gamma' H'^2 + \frac{1}{2} \gamma_t \left(H^2 - H'^2 \right) \right\} \left[- \frac{\tan(\theta - \phi)}{\sin^2 \theta} + \frac{\cot \theta}{\cos^2(\theta - \phi)} \right]$$

도함수의 공식에서

$$\cot \theta = -\cos ec^2 \theta = - \frac{1}{\sin^2 \theta}, \quad \tan \theta = \sec^2 \theta = \frac{1}{\cos^2 \theta}$$

의 관계를 이용하여 위의 식을 정리하면

$$\left\{ \frac{1}{2} \gamma' H'^2 + \frac{1}{2} \gamma_t \left(H^2 - H'^2 \right) \right\} \frac{-\sin(\theta - \phi)\cos(\theta - \phi) + \sin \theta \cos \theta}{\left[\sin \theta \cos(\theta - \phi) \right]^2}$$

$$\left\{ \frac{1}{2} \gamma' H'^2 + \frac{1}{2} \gamma_t \left(H^2 - H'^2 \right) \right\} \frac{-\sin \theta \cos \theta \left(\cos^2 \phi - \sin^2 \phi - 1 \right) - \sin \phi \cos \phi \left(\sin^2 \theta - \cos^2 \theta \right)}{\left[\sin \theta \cos(\theta - \phi) \right]^2}$$

$$\left\{ \frac{1}{2} \gamma' H'^2 + \frac{1}{2} \gamma_t \left(H^2 - H'^2 \right) \right\} \frac{\sin 2\theta \sin^2 \phi + \sin \phi \cos \phi \cos 2\theta}{\left[\sin \theta \cos(\theta - \phi) \right]^2}$$

$$\frac{\partial P_a}{\partial \theta} = \left\{ \frac{1}{2} \gamma' H'^2 + \frac{1}{2} \gamma_t \left(H^2 - H'^2 \right) \right\} \frac{\sin \phi \cos \phi (2\theta - \phi)}{\left[\sin \theta \cos(\theta - \phi) \right]^2}$$

가 된다. 이것이 0이 되려면

$$\cos(2\theta - \phi) = 0$$

또는

$$2\theta - \phi = 90° \rightarrow 45° + \frac{\phi}{2}$$

이므로

$$P_a = \left\{ \frac{1}{2}\gamma' H'^2 + \frac{1}{2}\gamma_t \left(H^2 - H'^2 \right) \right\} \cot\left(45° + \frac{\phi}{2} \right) \tan\left(45° + \frac{\phi}{2} - \phi \right)$$

$$= \left\{ \frac{1}{2}\gamma' H'^2 + \frac{1}{2}\gamma_t \left(H^2 - H'^2 \right) \right\} \cot\left(45° + \frac{\phi}{2} \right) \tan\left(45° - \frac{\phi}{2} \right)$$

$\cot\left(45° + \dfrac{\phi}{2} \right) = \tan\left(45° - \dfrac{\phi}{2} \right)$ 에서

$$P_a = \left\{ \frac{1}{2}\gamma' H'^2 + \frac{1}{2}\gamma_t \left(H^2 - H'^2 \right) \right\} \tan^2\left(45° - \frac{\phi}{2} \right)$$

$$= \left\{ \frac{1}{2}\gamma' H'^2 + \frac{1}{2}\gamma_t \left(H^2 - H'^2 \right) \right\} K_a \tag{6.30}$$

$$= \frac{1}{2}\left\{ \gamma_t H^2 - \left(\gamma_t - \gamma' \right) H'^2 \right\} K_a$$

가 된다. (6.30)식을 잘 기억해 두어야 한다.

6.6 널말뚝의 근입길이 검토

강널말뚝은 흙막이공사나 하천제방의 굴착공사에 있어서 치수의 안전을 확보하기 위하여 설치하는 물막이(1열, 2열물막이)에 사용되고 있는데, 근입길이(지중에 타입되어 안정성을 확보하기 위한 길이)의 산정이나 부재단면을 결정할 때에 토압을 계산하여야 한다. 그림 6.28에 표시한 삼각형으로 구분한 면적에 대해서는 타이로드(타이케이블)의 설치위치에서의 주동토압과 수동토압의 모멘트에 대한 평형점(깊이)을 구하여 안전율을 만족하는 근입길이를 구할 수 있다.

예제 6.1

그림 6.15의 조건에서 Coulomb과 Rankine 각각의 계산식을 사용하여 토압계수를 구하고 토압을 계산하시오.

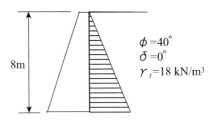

$\phi = 40°$
$\delta = 0°$
$\gamma_t = 18 \text{ kN/m}^3$

그림 6.15 예제 6.1의 계산조건

예제 6.1의 해답

① Rankine의 토압계수

$$K_a = \frac{1 - \sin\phi}{1 + \sin\phi} = \tan^2\left(45° - \frac{\phi}{2}\right) = \tan^2\left(45° - \frac{40°}{2}\right)$$

$$= 0.217$$

② Coulomb의 토압계수

$$K_a = \frac{\sin^2(90° - \phi)}{\sin^2 90° \sin(90° + 0°)\left\{1 + \sqrt{\dfrac{\sin(\phi + 0°)\sin(\phi - 0°)}{\sin(90° + 0°)\sin(90° - 0°)}}\right\}^2}$$

$$= \frac{\cos^2\phi}{(1 + \sin\phi)^2} = \frac{1 - \sin\phi}{1 + \sin\phi} = 0.217$$

이와 같이 같은 값의 주동토압계수가 계산되었는데 토압을 계산하는 식이 같기 때문에 결과는 동일하게 된다.

$$P_a = \frac{1}{2}\gamma_t H^2 K_a = 0.5 \times 18 \times 8^2 \times 0.217$$
$$= 124.99 \, \text{kN/m}^2$$

벽면마찰각 $d=0°$에서 배면토사가 수평인 경우의 양 이론은 같은 결과를 얻는다.

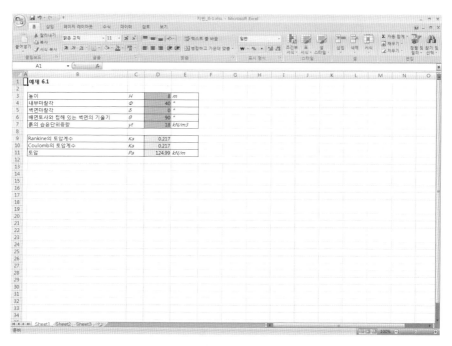

그림 6.16 예제 6.1 Excel 해답 예

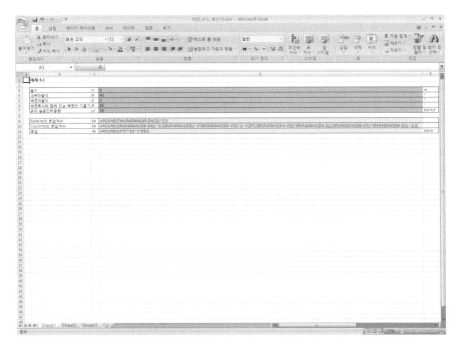

그림 6.17 예제 6.1 Excel 계산식

예제 6.2

그림 6.18과 같이 점착력이 있는 경우에 대하여 ① Rankine과 Coulomb 토압 공식을 사용하여 주동토압과 그 작용점의 위치를 계산하시오. ② (6.12)식을 사용하여 Rankine토압을 계산하여 ①의 결과와 비교하시오.

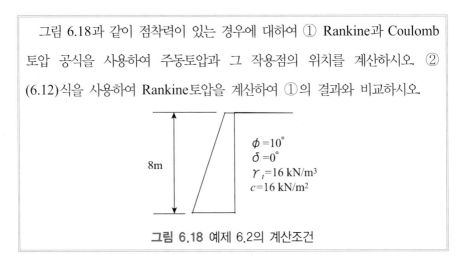

$\phi = 10°$
$\delta = 0°$
$\gamma_t = 16 \text{ kN/m}^3$
$c = 16 \text{ kN/m}^2$

그림 6.18 예제 6.2의 계산조건

① 주동토압과 작용점의 위치

- Rankine의 토압

$$P_a = \int_0^H \sigma_a dz = \frac{1}{2}\gamma_t H^2 \tan^2\left(45° - \frac{\phi}{2}\right) - 2c\tan\left(45° - \frac{\phi}{2}\right)$$

$$= \frac{1}{2} \times 16 \times 8^2 \times \tan^2 40° - 2 \times 10 \times 8 \times \tan 40°$$

$$= 226.2 \text{ kN/m}^2$$

$$h_a = \frac{1}{P_a}\left\{\frac{1}{2}\gamma_t H^2 \tan^2\left(45° - \frac{\phi}{2}\right) \times \frac{H}{3} - 2c\tan\left(45° - \frac{\phi}{2}\right) \times \frac{H}{2}\right\}$$

$$= \frac{1}{226.2} \times \left(\frac{1}{2} \times 16 \times 8^2 \times \tan^2 40° \times \frac{8}{3} - 2 \times 10 \times 8 \times \tan^2 40° \times \frac{8}{2}\right)$$

$$= 1.876 \text{ m}$$

- Coulomb의 토압은 (6.18)식에서

$$z_c = \frac{2c}{\gamma_t}\tan\left(45° + \frac{\phi}{2}\right) = \frac{2 \times 10}{16} \times \tan 50° = 1.49 \text{ m}$$

$$P_a = \frac{1}{2}\gamma_t(H - z_c)^2 \tan^2\left(45° - \frac{\phi}{2}\right) = \frac{1}{2} \times 16 \times (8 - 1.49)^2 \times \tan^2 40°$$

$$= 238.7 \text{ kN/m}^2$$

$$h_a = \frac{H - z_c}{3} = \frac{8 - 1.49}{3} = 2.17 \text{ m}$$

② (6.12)식을 사용한 Rankine토압 계산

$$P_a = \int_0^H \sigma_a dz = \frac{1}{2}\gamma_t H^2 \tan^2\left(45° - \frac{\phi}{2}\right) - 2c\tan\left(45° + \frac{\phi}{2}\right) + \frac{2c^2}{\gamma_t}$$

$$= \frac{1}{2} \times 16 \times 8^2 \times \tan^2 40° - 2 \times 10 \times 8 \times \tan 40° + \frac{2 \times 10^2}{16}$$

$$= 238.7 \text{ kN/m}$$

따라서 위의 ①에서 계산한 결과와 같은 값을 얻는다.

예제 6.2

높이	H	8	m
내부마찰각	Φ	10	°
벽면마찰각	δ	0	°
흙의 습윤단위중량	γt	16	kN/m3
점착력	c	10	kN/m2
Rankine토압에 의한 주동토압(1)	Pa	226.2	kN/m
Rankine토압에 의한 작용점	ha	1.876	m
주동토압이 0이 되는 지점	zc	1.49	m
Coulomb토압에 의한 주동토압	Pa	238.7	kN/m
Coulomb토압에 의한 작용점	ha	2.17	m
Rankine토압에 의한 주동토압(2)	Pa	238.7	kN/m

그림 6.19 예제 6.2 Excel 해답 예

예제 6.2

높이	H	8	m
내부마찰각	Φ	10	°
벽면마찰각	δ	0	°
흙의 습윤단위중량	γt	16	kN/m3
점착력	c	10	kN/m2
Rankine토압에 의한 주동토압(1)	Pa	=ROUND(0.5*D6*D3^2*(TAN(RADIANS(45-D4/2)))^2-2*D7*D3*TAN(RADIANS(45-D4/2)),1)	kN/m
Rankine토압에 의한 작용점	ha	=ROUND((0.5*D6*D3^2*(TAN(RADIANS(45-D4/2)))^2*(D3/3)-2*D7*D3*TAN(RADIANS(45-D4/2))*(D3/2))/D9,3)	m
주동토압이 0이 되는 지점	zc	=ROUND(2*D7/D6*TAN(RADIANS(45+D4/2)),2)	m
Coulomb토압에 의한 주동토압	Pa	=ROUND(0.5*D6*(D3-D11)^2*(TAN(RADIANS(45-D4/2)))^2,1)	kN/m
Coulomb토압에 의한 작용점	ha	=ROUND((D3-D11)/3,3)	m
Rankine토압에 의한 주동토압(2)	Pa	=ROUND(0.5*D6*D3^2*(TAN(RADIANS(45-D4/2)))^2-2*D7*D3*TAN(RADIANS(45-D4/2))+(2*D7^2)/D6,1)	kN/m

그림 6.20 예제 6.2 Excel 계산식

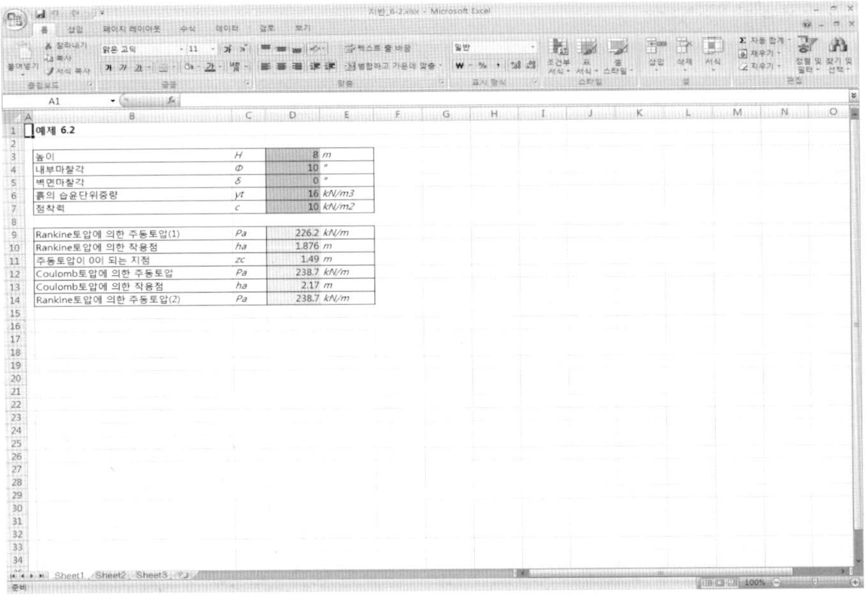

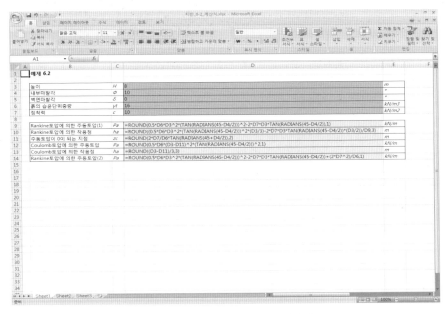

그림 6.21과 같이 등분포하중이 재하되었을 때 Rankine과 Coulomb의 주동토압과 그 작용위치를 계산하여 비교하시오.

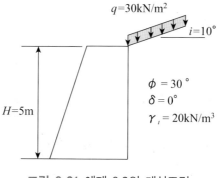

그림 6.21 예제 6.3의 계산조건

예제 6.3의 해답

- Rankine의 토압

$$K_a = \cos i \, \frac{\cos i - \sqrt{\cos^2 i - \cos^2 \phi}}{\cos i + \sqrt{\cos^2 i - \cos^2 \phi}} = \cos 10° \times \frac{\cos 10° - \sqrt{\cos^2 10° - \cos^2 30°}}{\cos 10° + \sqrt{\cos^2 10° - \cos^2 30°}}$$
$$= 0.35$$

$$P_a = \left(\frac{1}{2}\gamma_t H^2 + qH\right)K_a = \left(\frac{1}{2}\times 20 \times 5^2 + 30 \times 5\right)\times 0.35$$
$$= 140 \text{ kN/m}$$

$$h_a = \frac{1}{P_a}\left\{\left(\frac{1}{2}\gamma_t H^2 + qH\right)K_a\right\} = \frac{1}{140}\times\left\{\left(\frac{1}{2}\times 20 \times 5^2 + 30 \times 5\right)\times 0.35\right\}$$
$$= 1.98 \text{ m}$$

- Coulomb토압

$$K_a = \frac{\sin^2(\theta - \phi)}{\sin^2\theta \sin(\theta + \delta)\left\{1 + \sqrt{\dfrac{\sin(\phi + \delta)\sin(\phi - i)}{\sin(\theta + \delta)\sin(\theta - i)}}\right\}^2}$$

$$= \frac{\sin^2(90° - 30°)}{\sin^2 90° \times \sin(90° + 0°) \times \left\{1 + \sqrt{\dfrac{\sin(30° + 0°)\sin(30° - 0°)}{\sin(90° + 10°)\sin(90° - 10°)}}\right\}^2}$$

$$= 0.37$$

$$P_a = \frac{1}{2}\gamma_t H^2 K_a + \frac{\sin\theta}{\sin(\theta - i)}$$

$$= \frac{1}{2} \times 20 \times 5^2 \times 0.37 + 30 \times 5 \times 0.37 \times \frac{\sin 90°}{\sin 80°}$$

$$= 148.9 \text{ kN/m}$$

$$h_a = \frac{92.5 \times \dfrac{5}{3} + 56.36 \times \dfrac{5}{2}}{148.9} = 1.98 \text{ m}$$

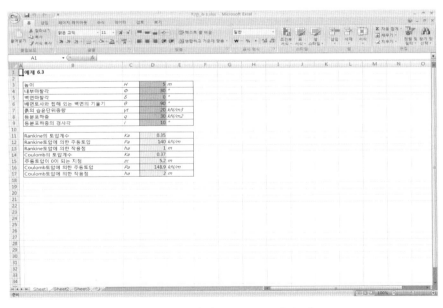

그림 6.22 예제 6.3 Excel 해답 예

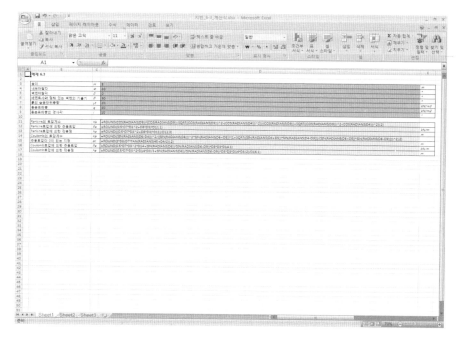

그림 6.23 예제 6.3 Excel 계산식

예제 6.4

그림 6.24와 같이 점착력이 있는 배면토사에 등분포하중이 재하되어 있을 때 Coulomb의 주동토압을 계산하시오.

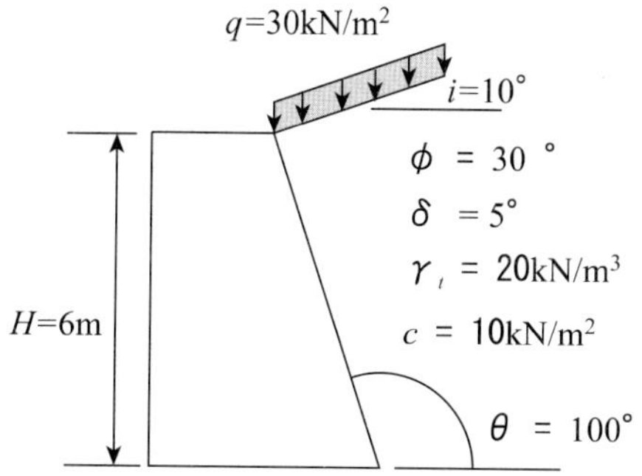

$q=30\text{kN/m}^2$

$i=10°$

$\phi = 30°$

$\delta = 5°$

$\gamma_t = 20\text{kN/m}^3$

$c = 10\text{kN/m}^2$

$\theta = 100°$

$H=6\text{m}$

그림 6.24 예제 6.4의 계산조건

토압에 대한 증감요소는

* 등분포하중은 증가(+)

* 점착력은 감소(-)

이다. 이것을 우선 검토하여 가상높이를 결정한다.

* 등분포하중에 의한 환산높이

$$\Delta H = \frac{q}{\gamma_t} \frac{\sin \theta}{\sin(\theta - i)} = \frac{30}{20} \times \frac{\sin 100°}{\sin(100° - 10°)}$$
$$= 1.48\,\text{m}$$

* 점착력에 의한 감소분

$$z_c = \frac{2c}{\gamma_t} \tan\left(45° + \frac{\phi}{2}\right) = \frac{2 \times 10}{20} \times \tan 50°$$
$$= 1.19\,\text{m}$$

가상높이를 H'라고 하면

$$H' = H + \Delta H - z_c = 6 + 1.48 - 1.19$$
$$= 6.29\,\text{m}$$

주동토압계수 $K_a = 1.067$

따라서 점착력이 있을 때의 Coulomb의 토압은

$$P_a = \frac{1}{2}\gamma_t\left(H - z_c\right)^2 K_a = \frac{1}{2} \times 20 \times \left(6.29 - 1.19\right)^2 \times 1.067$$
$$= 277.5\,\text{kN/m}$$

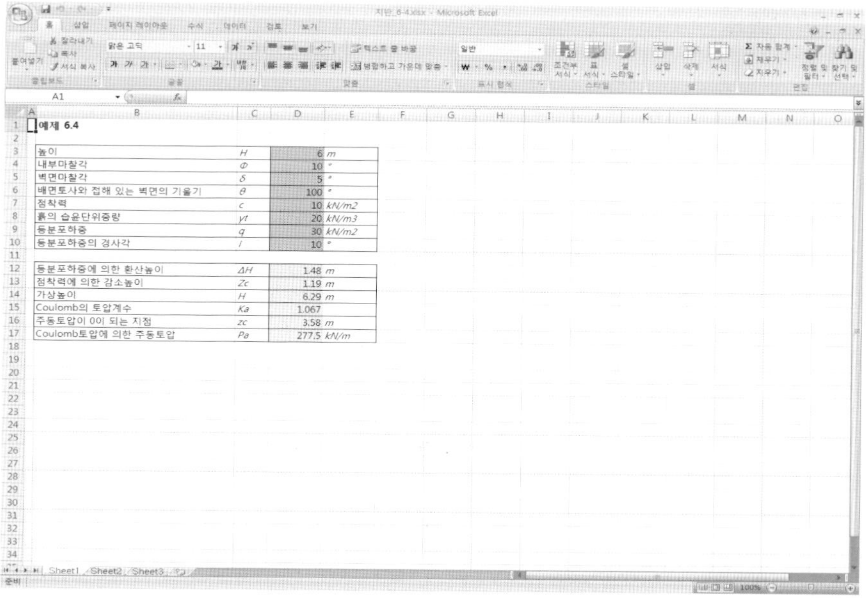

예제 6.4			
높이	H	6	m
내부마찰각	Φ	10	°
벽면마찰각	δ	5	°
배면토사와 접해 있는 벽면의 기울기	θ	100	°
점착력	c	10	kN/m2
흙의 습윤단위중량	γt	20	kN/m3
등분포하중	q	30	kN/m2
등분포하중의 경사각	i	10	°
등분포하중에 의한 환산높이	ΔH	1.48	m
점착력에 의한 감소높이	Zc	1.19	m
가상높이	H	6.29	m
Coulomb의 토압계수	Ka	1.067	
주동토압이 0이 되는 지점	zc	3.58	m
Coulomb토압에 의한 주동토압	Pa	277.5	kN/m

그림 6.25 예제 6.4 Excel 해답 예

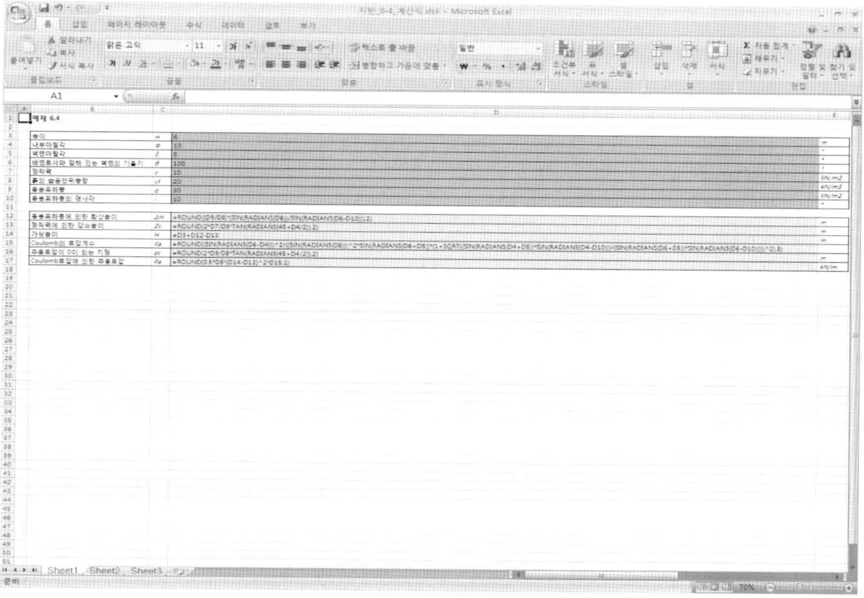

예제 6.4			
높이	H	6	m
내부마찰각	Φ	10	°
벽면마찰각	δ	5	°
배면토사와 접해 있는 벽면의 기울기	θ	100	°
점착력	c	10	kN/m2
흙의 습윤단위중량	γt	20	kN/m3
등분포하중	q	30	kN/m2
등분포하중의 경사각	i	10	°
등분포하중에 의한 환산높이	ΔH	=ROUND((D9/D8)*(SIN(RADIANS(D6))/SIN(RADIANS(D6-D10))),2)	m
점착력에 의한 감소높이	Zc	=ROUND(2*D7/D8*TAN(RADIANS(45+D4/2)),2)	m
가상높이	H	=D3+D12-D13	m
Coulomb의 토압계수	Ka	=ROUND((SIN(RADIANS(D6-D4)))^2/((SIN(RADIANS(D6)))^2*SIN(RADIANS(D6+D5))*(1+SQRT((SIN(RADIANS(D4+D5))*SIN(RADIANS(D4-D10)))/(SIN(RADIANS(D6+D5))*SIN(RADIANS(D6-D10)))))^2),3)	
주동토압이 0이 되는 지점	zc	=ROUND(2*D9/D8*TAN(RADIANS(45+D4/2)),2)	m
Coulomb토압에 의한 주동토압	Pa	=ROUND(0.5*D8*(D14-D13)^2*D15,1)	kN/m

그림 6.26 예제 6.4 Excel 계산식

그림 6.27에 표시한 2열물막이의 근입깊이를 계산하시오.

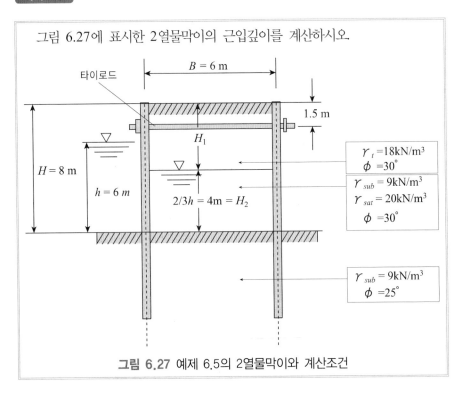

그림 6.27 예제 6.5의 2열물막이와 계산조건

지반의 조건에서 주동토압계수를 구하면

현지반보다 위쪽은

$$K_{a1} = \tan^2\left(45° - \frac{\phi}{2}\right) = \tan^2\left(45° - \frac{30°}{2}\right) = 0.33$$

현지반보다 아래는

$$K_{a1} = \tan^2\left(45° - \frac{\phi}{2}\right) = \tan^2\left(45° - \frac{25°}{2}\right) = 0.41$$

수동토압계수는

$$K_p = \tan^2\left(45° + \frac{\phi}{2}\right) = \tan^2\left(45° + \frac{30°}{2}\right) = 2.46$$

$$P_{a1} = 18 \times 4.0 \times 0.33 = 23.8 \text{ kN/m}^2$$
$$P_{a2} = (18 \times 4.0 + 9 \times 4) \times 0.33 = 35.6 \text{ kN/m}^2$$
$$P_{a3} = (18 \times 4.0 + 9 \times 4) \times 0.41 = 44.3 \text{ kN/m}^2$$
$$P_{a4} = (18 \times 4.0 + 9 \times 4 + 9 \times D) \times 0.41 = (44.3 + 3.7D) \text{ kN/m}^2$$
$$P_p = 9D \times 2.46 = 22.1D \text{ kN/m}^2$$

근입깊이는 안전율을 1.5로 하면

$$M_p = 1.5 M_a$$
$$7.4D^3 + 72.15D^2 = 1.5 \times (1.23D^3 + 40.76D^2 + 416D + 927.1)$$
$$5.56D^3 + 11.00D^2 - 624D - 1390.65 = 0$$

대입법을 사용하면

$D ≒ 10.7$m에서 $D = 11.0$m로 한다.

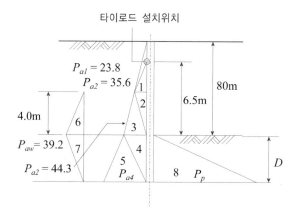

그림 6.28 타이로드 설치위치에 대한 토압의 분포도

구분	위치	P	L	M
작용 M	①	0.5×23.8×2.5=29.8	1.67	49.8
	②	0.5×23.8×4.0=47.6	3.83	182.3
	③	0.5×35.6×4.0=71.2	5.17	368.1
	④	0.5×44.3×D=22.2D	$D/3+6.5$	$7.4D^2+144.3D$
	⑤	$22.2D×1.85D^2$	$2D×3+6.5$	$1.23^3+26.83D^2+144.3D$
	⑥	0.5×39.2×4.0=19.6	4.17	326.9
	⑦	0.5×39.2×D=19.6D	$D/3+6.5$	$6.53D^2+127.4D$
	소계			$1.23D^3+40.76D^2+416D+927.1$
저항 M	⑧	$0.5×22.1D×D=11.1D^2$	$2D/3+6.5$	$7.4D^3+70.15D^2$

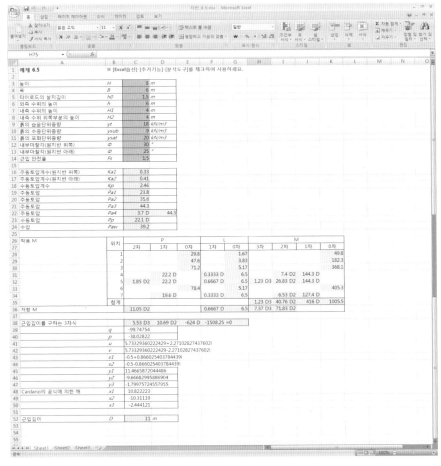

그림 6.29 예제 6.5 Excel 해답 예

표 6.2 예제 6.5 Excel 계산식

C16	=ROUND(((TAN(RADIANS(45-C12/2)))^2,2)
C17	=ROUND(((TAN(RADIANS(45-C13/2)))^2,2)
C18	=ROUND(((TAN(RADIANS(45+C13/2)))^2,2)
C19	=ROUND(C9*C7*C16,1)
C20	=ROUND((C9*C7+C10*C8)*C16,1)
C21	=ROUND((C9*C7+C10*C8)*C17,1)
C22	=ROUND(C10*C17,1)
D22	=ROUND((C9*C7+C10*C8)*C17,1)
C23	=ROUND(C10*C18,1)
C24	=ROUND(9.81*C8,1)
E28	=ROUND(C19*(C7-C5)/2,1)
G28	=ROUND((C7-C5)/3*2,2)
K28	=ROUND(E28*G28,1)
E29	=ROUND(C19*C8/2,1)
G29	=ROUND((C7-C5)+C8/3,2)
K29	=ROUND(E29*G29,1)
E30	=ROUND(C20*C8/2,1)
G30	=ROUND((C7-C5)+C8/3*2,2)
K30	=ROUND(E30*G30,1)
D31	=ROUND(C21/2,1)
F31	=1/3
G31	=C7+C8-C5
I31	=ROUND(D31*F31,2)
J31	=ROUND(D31*G31,1)
C32	=ROUND(C22/2,2)
D32	=ROUND(D22/2,1)
F32	=2/3
G32	=C7+C8-C5
H32	=ROUND(C32*F32,2)
I32	=ROUND(C32*G32+D32*F32,2)
J32	=ROUND(D32*G32,1)
E33	=ROUND(C24*C8/2,1)
G33	=ROUND((C7-C5)+C8/3*2,2)
K33	=ROUND(E33*G33,1)
D34	=ROUND(C24/2,1)
F34	=1/3
G34	=C7+C8-C5
I34	=ROUND(D34*F34,2)

J34	=ROUND(D34*G34,1)
H35	=SUM(H28:H34)
I35	=SUM(I28:I34)
J35	=SUM(J28:J34)
K35	=SUM(K28:K34)
C36	=C23/2
F36	=2/3
G36	=C7+C8-C5
H36	=ROUND(C36*F36,2)
I36	=ROUND(C36*G36,2)
C38	=ROUND(H36-H35*C14,2)
D38	=ROUND(I36-I35*C14,2)
E38	=ROUND(J36-J35*C14,2)
F38	=ROUND(K36-K35*C14,2)
C39	=((2*D38^3)/(27*C38^3)-(D38*E38)/(3*C38^2)+(F38/C38))/2
C40	=(3*C38*E38-D38^2)/(3*C38^2)/3
C41	=IMPOWER((IMSUM(-C39,IMSQRT(C39^2+C40^3))),(1/3))
C42	=IMPOWER((IMSUB(-C39,IMSQRT(C39^2+C40^3))),(1/3))
C43	=COMPLEX(-0.5,SQRT(3)/2)
C44	=COMPLEX(-0.5,-SQRT(3)/2)
C45	=IMSUM(C41,C42)
C46	=IMSUM(IMPRODUCT(C43,C41),IMPRODUCT(C44,C42))
C47	=IMSUM(IMPRODUCT(C44,C41),IMPRODUCT(C43,C42))
C48	=C45-D38/(3*C38)
C49	=C46-D38/(3*C38)
C50	=C47-D38/(3*C38)
C52	=CEILING(MAX(C48:C50),0.5)

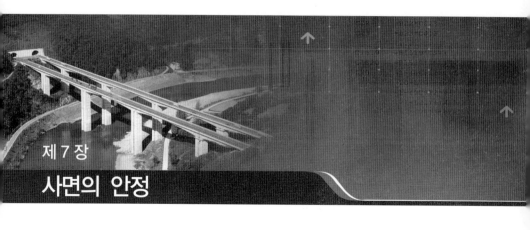

제 7 장
사면의 안정

사면이란? 지표면이 경사져 있는 것을 말하는데, 그곳에 존재하는 토괴는 중력의 작용에 의하여 낮은 곳으로 이동하려고 한다. 따라서 그 사면의 내부에는 전단응력이 발생하고 있으며, 전단저항력보다도 작으면 사면은 안정을 유지한다.

큰 비가 내리면 토사붕괴의 소식이 전해지는데, 강우가 사면에 침투하면 토괴의 함수비가 높아져 흙의 단위중량이 증가하여 전단응력이 저항력을 초과하기 때문에 생기는 경우가 많다. 또, 사면붕괴에는 표층 근처가 침식작용을 반복하여 받아 붕괴하는 경우도 있다.

이와 같은 사면의 대책으로는 콘크리트 벽으로 커버하는 경우나 식생공(그림 7.1 참조)이라 불리는 식물의 잎으로 쿠션작용을 기대하고, 뿌리에 의하여 주변의 흙을 포함하는 침식대책공법을 강구할 수 있다.

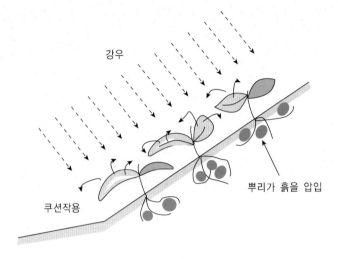

강우

쿠션작용

뿌리가 흙을 압입

그림 7.1 식생공

7.1 고체의 마찰과 Coulomb의 파괴기준

사면의 안정성과 전단응력과의 관계를 확인하기 위하여 그림 7.2에 표시한 경사진 사면 위에서 물체의 활동에 대하여 생각해 보자. 그림 7.2(a)의 물체 중량이 W, 그 성분을 사면에 수직방향과 수평방향으로 나눈 것이 T와 N이다. 또, 사면과 물체 사이에 생기는 마찰각을 ϕ로 한다.

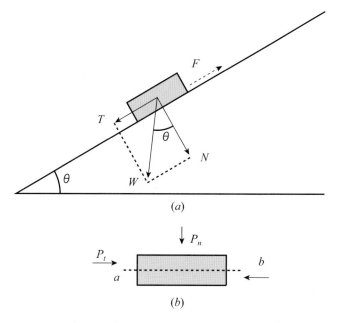

(a)

(b)

그림 7.2 사면 위의 고체와 전단응력의 관계

이들의 관계에서 각각의 성분을 치환하면 다음과 같이 된다.

$$T = W \sin\theta, \quad N = W \cos\theta$$
$$\frac{T}{N} = \frac{W \sin\theta}{W \cos\theta} = \tan\theta \rightarrow (\theta = \phi) \tag{7.1}$$

여기서 $\theta < \phi$이면 안정, $\theta = \phi$이면 물체는 미끄러질 것이다. 이 $\theta = \phi$의 각도

가 임계경사각이 된다. 그러나 실제의 사면과 물체 사이에는 마찰력이 존재하므로 그 물체 사이의 마찰력 F는 다음과 같다.

$$T = N \tan \theta = F = N \tan \phi$$
$$F = N \tan \phi = W \cos \theta \tan \phi$$

(7.2)

(7.2)식에 의하면 마찰력은 연직하중에 비례하는 것을 알 수 있다. 여기서, 사면과 물체와의 사이에 점착력이 존재하는 경우를 고려하면 다음과 같이 된다.

$$T = F = W \cos \theta \tan \phi + c$$
$$W \sin \theta = W \cos \theta \tan \phi + c$$
$$\sin \theta = \cos \theta \tan \phi + \frac{c}{W} = \cos \theta \frac{\sin \phi}{\cos \phi} + \frac{c}{W}$$
$$\sin \theta \cos \phi = \cos \theta \sin \phi + \frac{c}{W} \cos \phi$$
$$\sin \theta \cos \phi - \cos \theta \sin \phi = \frac{c}{W} \cos \phi$$
$$\sin(\theta - \phi) = \frac{c}{W} \cos \phi$$

$$\therefore \theta = \phi + \sin^{-1} \left(\frac{c}{W} \cos \phi \right)$$

(7.3)

θ는 (7.3)식의 우변만큼 커지는 것을 알 수 있다. 그런데, 이들의 관계를 그림 7.2(b)의 전단면으로 치환하면 모래의 경우와 같이 점착력이 없는 흙에서는

$$P_t = P_n \tan \phi$$

점성토와 같이 점착력이 있는 경우는

$$P_t = P_n \tan \phi + c$$

가 되며 $P_t \to \tau$, $P_n \to \sigma$ 로 하면

$$\tau = c + \sigma \tan \phi$$

(7.4)

로 Coulomb의 파괴기준이 되는데, 사면의 안정계산에서는 매우 긴밀한 관계가 있는 것을 알 수 있다. 또한 안정해석에는 사용하는 전단강도에 따라서 전응력 해석(UU 또는 CU시험에서의 전단정수)과 유효응력해석(CD 또는 $\overline{CU}$시험)으로 나누어진다.

7.2 사면의 활동면에 대한 안전율

사면의 안정계산에서는 사용하는 방법에 따라서 안전율을 취급하는 방법이 다르지만 많이 사용하는 것은 (7.5)식과 (7.6)식과 같다.

전단면의 전단력에 대해서는

$$F_s = \frac{활동에 저항하려고 하는 힘}{활동을 일으키려고 하는 힘} = \frac{전단저항력}{전단응력} \tag{7.5}$$

원호활동면에 대해서는

$$F_s = \frac{활동에 저항하려고 하는 모멘트}{활동을 일으키려고 하는 모멘트} = \frac{전단저항력 \times 활동원의반경}{전단응력 \times 활동원의반경} \tag{7.6}$$

로 정의된다.

또한 사면에 붕괴가 일어날 가능성이 있는 무수히 많은 활동면 중에서, 가장 위험한 활동면(최소안전율을 나타내는 면)을 임계활동면으로 하여 안전율을 적용한다. 또, 원호활동면의 최소안전율이 되는 활동원을 임계원(critical circle)이라 한다.

7.3 간략화된 무한길이 사면의 안정계산

7.3.1 점착력이 없는 건조한 모래일 경우

그림 7.3에 표시한 것과 같이 경사각 i를 갖는 무한길이 사면에 있어서 점착력이 없는 건조한 사면을 구성하고 있는 경우는 다음과 같이 된다.

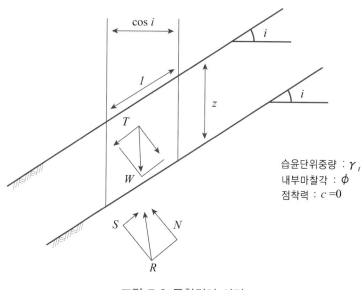

습윤단위중량 : γ_t
내부마찰각 : ϕ
점착력 : $c = 0$

그림 7.3 무한길이 사면

단위 폭 당 토괴의 자중에 의한 연직분력 W는

$$W = \gamma_t \cos i \tag{7.7}$$

활동면에 대하여 연직분력 N은

$$N = \gamma_t \cdot z \cdot \cos^2 i \tag{7.8}$$

활동을 일으키려고 하는 전단응력 T는

$$T = \gamma_t \cdot z \cdot \cos i \cdot \sin i = \tau \tag{7.9}$$

또, 내부마찰각이 ϕ 일 때, 활동에 저항하려는 전단저항강도 s는

$$s = \gamma_t \cdot z \cdot \cos^2 i \cdot \tan \phi \qquad (7.10)$$

따라서 이 사면이 안정을 유지하기 위해서는 $s > \tau$ 이어야 하므로

$$\gamma_t \cdot z \cdot \cos i \cdot \sin i \leq \gamma_t \cdot z \cdot \cos^2 i \cdot \tan \phi \qquad (7.11)$$

따라서

$$\tan i \leq \tan \phi \qquad (7.12)$$

이 되며, 이 사면의 안전율은 다음 식과 같이 된다.

$$F_s = \frac{\tan \phi}{\tan i} \qquad (7.13)$$

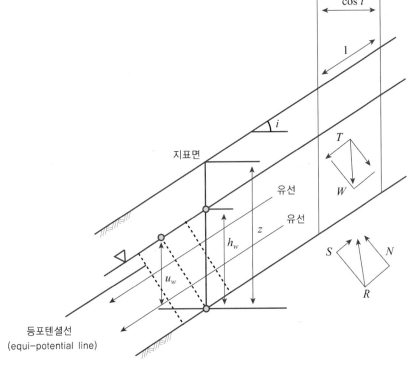

그림 7.4 침투류가 있는 무한길이 사면

7.3.2 지표면에 평행한 건조한 모래에 침투류가 존재하는 경우

그림 7.4와 같이 사면과 평행한 침투류가 있는 경우는 지표면에서 연직 깊이를 z, 그 지하수의 높이를 h_w라고 하면, 지표면에서 연직 깊이 z점에서의 간극수압은 다음과 같이 된다.

$$u_w = \gamma_w \cdot h_w \cos^2 i \qquad (7.14)$$

단위길이 당 사면 폭의 토괴에 따른 활동면에 작용하는 전응력은

$$\sigma_v = \{\gamma_t(z - h_w) + \gamma_{sat} \cdot h_w\}\cos^2 i \qquad (7.15)$$

이 되며, 유효응력은 γ_{sub}를 수중단위중량으로 하면 다음과 같이 된다.

$$\begin{aligned}
\sigma_v' &= \{\gamma_t(z - h_w) + \gamma_{sat} h_w\}\cos^2 i - \gamma_w h_w \cos^2 i \\
&= \{\gamma_t(z - h_w) + \gamma_{sat} h_w\}\cos^2 i
\end{aligned} \qquad (7.16)$$

활동을 일으키려고 하는 전단응력 τ는

$$T = \tau = \{\gamma_t(z - h_w) + \gamma_{sat} \cdot h_w\}\cos i \cdot \sin i \qquad (7.17)$$

또, 활동에 저항하려는 전단저항강도 s는

$$s = \{\gamma_t(z - h_w) + \gamma_{sat} \cdot h_w\}\cos^2 i \cdot \tan \phi' \qquad (7.18)$$

따라서 안전율은 다음 식과 같이 된다.

$$F_s = \frac{\{\gamma_t(z - h_w) + \gamma_{sat} \cdot h_w\}\tan \phi'}{\{\gamma_t(z - h_w) + \gamma_{sat} \cdot h_w\}\tan i} \qquad (7.19)$$

또한 지하수위가 지표면과 일치하는 경우의 안전율은 (7.20)식과 같이 되는데, 가장 안전율이 작은 위험한 상태가 된다. $\gamma_{sub}/\gamma_{sat}$ 비에서 봐도 절반 정도로 저하하는 것을 예측할 수 있다.

$$F_s = \frac{\gamma_{sub}}{\gamma_{sat}} \frac{\tan \phi'}{\tan i} \qquad (7.20)$$

7.3.3 점착력이 있는 점성토의 경우

전단응력 τ는 점착력이 없는 건조한 모래의 경우와 같은데 다음 식과 같다.

$$\sigma = \gamma_t \cdot z \cos^2 i \qquad (7.21)$$

$$T = \tau = \gamma_t \cdot z \cdot \cos i \cdot \sin i \qquad (7.22)$$

한편 활동에 저항하려고 하는 전단저항강도 s는 (7.4)식의 Coulomb 식에 따르는데,

$$s = c + \gamma_t \cdot z \cdot \cos^2 i \cdot \tan \phi \qquad (7.23)$$

로 나타낼 수 있다. 사면이 안정을 확보하기 위한 조건은

$$\gamma_t \cdot z \cdot \cos i \cdot \sin i \le c + \gamma_t \cdot z \cdot \cos^2 i \cdot \tan \phi \qquad (7.24)$$

가 성립될 필요가 있으며, 그 안전율은

$$F_s = \frac{c + \gamma_t \cdot z \cdot \cos^2 i \cdot \tan \phi}{\gamma_t \cdot z \cdot \cos i \cdot \sin i} \qquad (7.25)$$

가 얻어진다.

7.3.4 점착력이 있는 점성토에 침투류가 존재하는 경우

점성토의 사면에 침투류가 있는 경우는 사면의 단위길이 폭의 토괴에 의한 활동면에 작용하는 유효연직응력은 (7.21)식과 같이 주어지며, 전단저항강도는 (7.18)식에 점착력을 포함한 것으로 안전율은 다음과 같다.

$$F_s = \frac{c' + \{\gamma_t(z - h_w) + \gamma_{sub} h_w\}\tan \phi'}{\{\gamma_t(z - h_w) + \gamma_{sat} h_w\}\tan i} \qquad (7.26)$$

7.4 분할법에 의한 사면의 안정계산

분할법(slice method)은 어떠한 파괴형식에서도 토질조건에서도 사용이 가능한 일반적인 사면의 안정계산방법이다. 활동에 대응하는 저항모멘트 M_r과 활동을 일으키려고 하는 모멘트 M_o와의 비에 따라 안전율 F_s를 구한다.

$$F_s = \frac{M_r}{M_o} \tag{7.27}$$

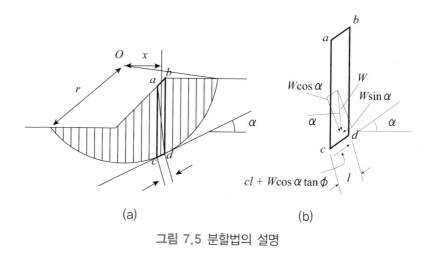

(a)   (b)

그림 7.5 분할법의 설명

분할법은 그림 7.5에 표시한 것과 같이 여러 개의 띠 모양 절편으로 분할하여 활동면에 대하여 평형을 고려하는 방법이다. 여기서 서로 이웃한 절편과 절편과의 경계에 작용하는 힘은 없는 것으로 하여 무시한다.

그림 7.5(b)는 하나의 절편을 그린 것이다. 여기에 표시한 기호를 사용하여 안전율을 구하는 식을 유도해 보자. 우선 이 절편의 중량은 W이다. 이것이 활동면에 수직으로 작용하는 힘은 $\sigma = W\cos\alpha$이다. 또, 활동하려는 힘은 $\sigma = W\sin\alpha$이며, 이것에 저항하려는 힘은 흙의 전단에서 배운 Coulomb식을 생각해 내면

$$s = c + \sigma \tan \phi$$

이므로 길이 l의 범위에서의 전단저항력은

$$s = cl + W \cos \alpha \tan \phi$$

가 된다. 따라서 이와 같은 작업을 절편 전부에 대하여 실시하면 좋다. 안전율은 최소가 되는 곳을 찾는 것이 당연하다.

활동에 저항하려는 힘의 모멘트 M_r은 모든 절편에 대하여 각각에 그림 7.5(a)의 O점에서의 길이 r을 사용하여 구할 수 있다.

$$M_r = \sum r(cl + W \cos \alpha \tan \phi) = r\left(\sum cl + \sum W \cos \alpha \tan \phi\right)$$

활동을 일으키려고 하는 힘은

$$M_o = r \sum W \sin \alpha \tag{7.28}$$

가 되며, 따라서 안전율은 다음과 같이 된다.

$$
\begin{aligned}
F_s &= \frac{r\left(\sum cl + \sum W \cos \alpha \tan \phi\right)}{r \sum W \sin \alpha} \\
&= \frac{\sum (cl + W \cos \alpha \tan \phi)}{\sum W \sin \alpha}
\end{aligned}
\tag{7.29}
$$

위의 식에 간극수압이 존재하는 경우는 다음과 같이 된다.

$$F_s = \frac{\sum \left(c'l + (W \cos \alpha - ul) \tan \phi'\right)}{\sum W \sin \alpha} \tag{7.30}$$

구체적인 계산순서는 분할한 각 절편의 면적을 계산하고, 폭 1m당의 체적을 구한다. 각각에 단위중량을 곱하여 W를 계산한다. 각 절편의 중심을 지나는 연직선이 원호와 만나는 점의 접선 경사를 각도기로 측정한다. 각 절편의 $W\cos\alpha$와 $W\sin\alpha$을 구하여 합산하고, 간극수압에 따라 (7.29)식 또는 (7.30)식에 대입하여 안전율을 계산한다. 이와 같은 계산과정은 실수를 하지 않기 위해서 표로 정리하면서 진행하는 것이 좋다.

그림 7.6에 표시한 *O*점을 중심으로 한 활동면을 가정하였다. 수면은 지표면에서 50cm 아래에 있다. 수심은 1m이다. 지반은 점토지반으로 포화되어 있다. 포화단위중량(γ_{sat})은 15kN/m³, 전단정수는 ϕ=0, *c*=5.0kN/m²이다. ① 지하수위 아랫면에 대한 안전율을 계산하시오. ② 수심을 1m 굴착하였을 때의 안전율을 계산하시오.

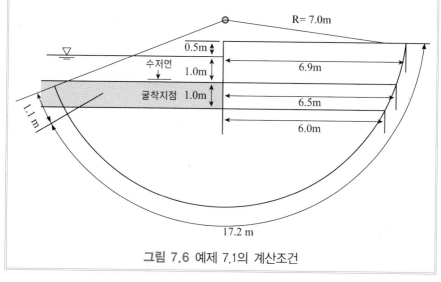

그림 7.6 예제 7.1의 계산조건

① 지하수위 아랫면(H=1.5m 지점)의 안전율

활동을 일으키려고 하는 하중은

$$W_s = 0.5 \times (6.9 + 6.5) \times 15 \times 1.5 = 150.75 \ \text{kN/m}^2$$
$$W_w = 6.5 \times 9.81 \times 1.0 = 63.77 \ \text{kN/m}^2$$

활동을 일으키려고 하는 힘의 모멘트는

$$M_o = Wd$$

여기서, d는 하중의 중심까지의 거리이다.

한편, 활동에 저항하려는 힘의 모멘트(M_r)는 점성토의 경우에 전단저항력은 연직응력이 무시되기 때문에 활동면의 길이 l에 점착력 c를 곱한 $c \cdot l$. 이것에 반경 R을 곱하면 $M_r = c \cdot l \cdot R$로 나타낼 수 있다.

따라서 이 문제 ①의 안전율은

$$F_s = \frac{M_r}{M_o} = \frac{5.0 \times (17.2 + 1.1) \times 7}{150.75 \times 3.35 - 63.77 \times 3.25}$$
$$= 2.15$$

② 수심 1m의 안전율

$$W_{s1} = 0.5 \times (6.5 + 6.0) \times 15 \times 1.0 = 93.75 \ \text{kN/m}^2$$
$$W_w = 6.0 \times 9.81 \times 2.0 = 117.72 \ \text{kN/m}^2$$

$$F_s = \frac{M_r}{M_o} = \frac{5.0 \times 17.2 \times 7}{150.75 \times 3.35 + 93.75 \times 3.125 - 117.72 \times 3.0}$$
$$= 1.35$$

예제 7.1

수면 위치		0.5	m
수심		1	m
굴착깊이		1	m
흙의 포화단위중량	γsat	15	kN/m3
내부마찰각	Φ	0	
점착력	c	5	kN/m2
원호의 반경	R	7	m
	x1	6.9	m
	x2	6.5	m
	x3	6	m
	l1	17.2	m
	l2	1.1	m

활동을 일으키는 원인이 되는 하중(흙)	Ws	150.75	kN/m2
물 부분의 하중	Ww	63.77	kN/m2
안전율	Fs	2.15	
활동을 일으키는 원인이 되는 하중(흙)	Ws1	93.75	kN/m2
물 부분의 하중	Ww	117.72	kN/m2
안전율	Fs	1.35	

그림 7.7 예제 7.1 Excel 해답 예

예제 7.1

수면 위치		0.5	m
수심		1	m
굴착깊이		1	m
흙의 포화단위중량	γsat	15	kN/m3
내부마찰각	Φ	0	
점착력	c	5	kN/m2
원호의 반경	R	7	m
	x1	6.9	m
	x2	6.5	m
	x3	6	m
	l1	17.2	m
	l2	1.1	m

활동을 일으키는 원인이 되는 하중(흙)	Ws	=ROUND((D10+D11)/2*(D3+D4)*D6,2)	kN/m2
물 부분의 하중	Ww	=ROUND(D11*9.81*D4,2)	kN/m2
안전율	Fs	=ROUND((D8*(D13+D14)*D9)/(D16*(D10+D11)/4-D17*D11/2),2)	
활동을 일으키는 원인이 되는 하중(흙)	Ws1	=ROUND((D11+D12)/2*D5*D6,2)	kN/m2
물 부분의 하중	Ww	=ROUND(D12*9.81*(D4+D5),2)	kN/m2
안전율	Fs	=ROUND((D8*D13*D9)/(D16*(D10+D11)/4+D19*(D11+D12)/4-D20*D12/2),2)	

그림 7.8 예제 7.1 Excel 계산식

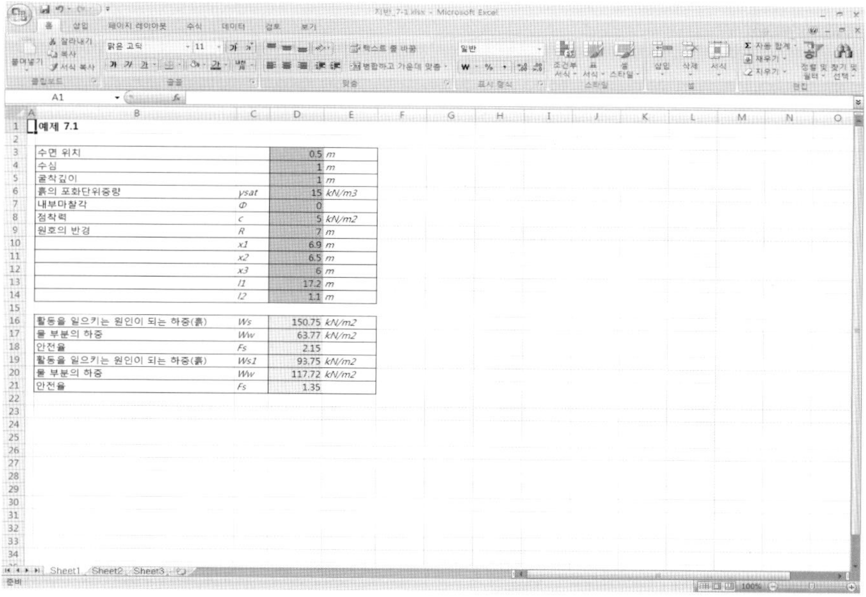

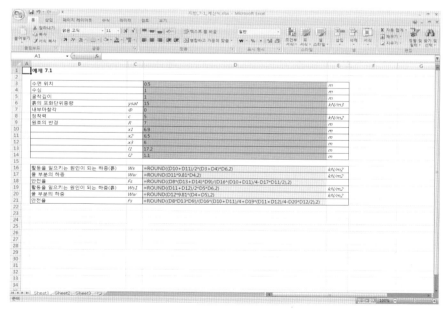

그림 7.9와 같은 무한길이의 사면이 있다. 경사각(i)이 18°로 깊이 5m까지 대상이 되는 지층에서 지표면에 평행한 지하수위를 가지고 있다. 그림에 표시한 절편에 대하여

① 절편의 저면에 작용하는 전단응력은 얼마인가?

② 저항하는 전단저항강도는 얼마인가?

③ 안전율은 얼마인가? 단, 지층의 전단정수는 ϕ=30°, c=20kN/m²이다.

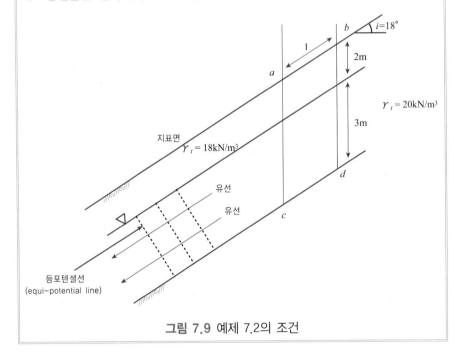

그림 7.9 예제 7.2의 조건

① 전단응력의 계산

(7.26)식에 의하여

$$s = \left\{ \gamma_t (z - h_w) + \gamma_{sat} \cdot h_w \right\} \tan i$$
$$= \left\{ 18 \times (5 - 3) + 20 \times 3 \right\} \times \tan 18°$$
$$= 31.19 \, \text{kN/m}^2$$

② 전단저항강도

$$\tau = c' + \left\{ \gamma_t (z - h_w) + \gamma_{sub} \cdot h_w \right\} \tan \phi'$$
$$= 20 + \left\{ (18 \times 2) + 20 \times 3 \right\} \times \tan 30°$$
$$= 75.43 \, \text{kN/m}^2$$

③ 안전율

$$F_s = \frac{c' + \left\{ \gamma_t (z - h_w) + \gamma_{sub} h_w \right\} \tan \phi'}{\left\{ \gamma_t (z - h_w) + \gamma_{sat} h_w \right\} \tan i}$$
$$= \frac{75.43}{31.19} = 2.42$$

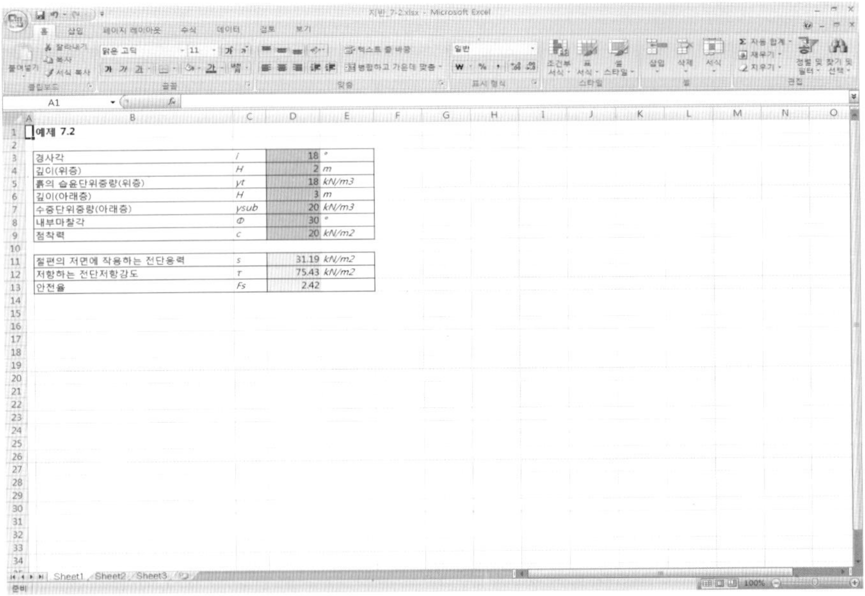

1	예제 7.2			
3	경사각	i	18	°
4	깊이(위층)	H	2	m
5	흙의 습윤단위중량(위층)	γt	18	kN/m3
6	깊이(아래층)	H	3	m
7	수중단위중량(아래층)	γsub	20	kN/m3
8	내부마찰각	Φ	30	°
9	점착력	c	20	kN/m2
11	절편의 저면에 작용하는 전단응력	s	31.19	kN/m2
12	저항하는 전단저항강도	τ	75.43	kN/m2
13	안전율	Fs	2.42	

그림 7.10 예제 7.2 Excel 해답 예

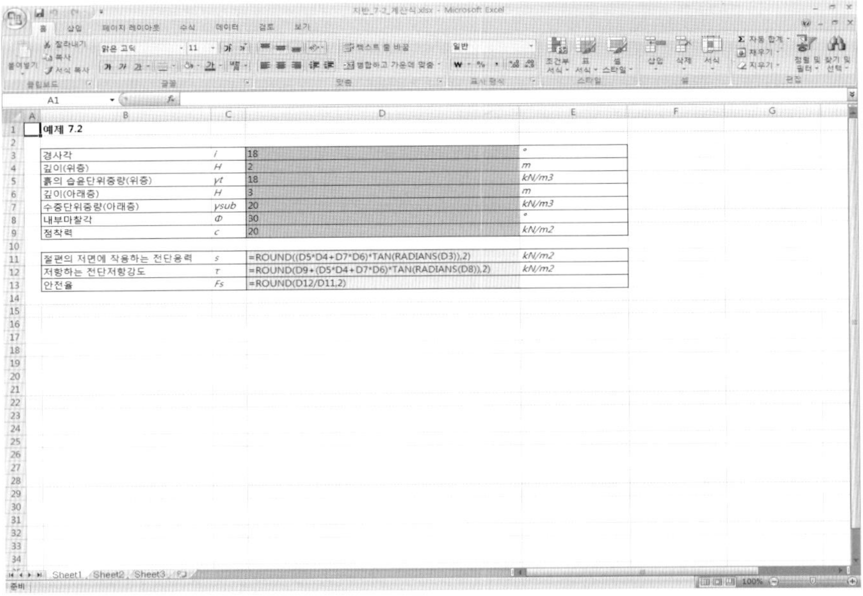

1	예제 7.2			
3	경사각	i	18	°
4	깊이(위층)	H	2	m
5	흙의 습윤단위중량(위층)	γt	18	kN/m3
6	깊이(아래층)	H	3	m
7	수중단위중량(아래층)	γsub	20	kN/m3
8	내부마찰각	Φ	30	°
9	점착력	c	20	kN/m2
11	절편의 저면에 작용하는 전단응력	s	=ROUND((D5*D4+D7*D6)*TAN(RADIANS(D3)),2)	kN/m2
12	저항하는 전단저항강도	τ	=ROUND(D9+(D5*D4+D7*D6)*TAN(RADIANS(D8)),2)	kN/m2
13	안전율	Fs	=ROUND(D12/D11,2)	

그림 7.11 예제 7.2 Excel 계산식

그림 7.12와 같이 높이 6m에 경사가 1:0.5의 사면에 대한 안전율을 계산하시오. 이 사면의 흙은 일정하며 점착력 c=30kN/m², 내부마찰각 ϕ=10°, 흙의 단위중량 γ_t=16.7 kN/m³이다. 또한 이 사면에는 지하수위가 존재하지 않는다.

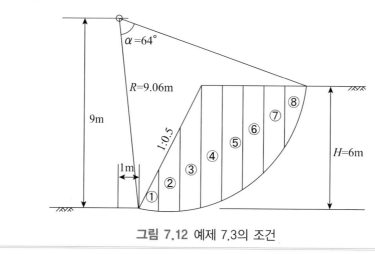

그림 7.12 예제 7.3의 조건

그림 7.12에 표시한 ①~⑧로 분할된 절편의 면적을 구한다. 또, 각각의 절편 중심위치에서 직선과 원호의 교점에 대한 접선을 그려, 그 기울기를 측정한다.

• 각 절편의 면적

① 1.824×1×0.5=0.912 m²

② (1.824+3.527)×0.5×1=2.676 m²

③ $(3.527+4.984)\times0.5\times1=4.256\ \text{m}^2$

④ $(4.984+4.396)\times0.5\times1=4.690\ \text{m}^2$

⑤ $(4.396+3.608)\times0.5\times1=4.002\ \text{m}^2$

⑥ $(3.608+2.537)\times0.5\times1=3.073\ \text{m}^2$

⑦ $(2.537+0.963)\times0.5\times1=1.750\ \text{m}^2$

⑧ $0.963\times0.5\times1=0.482\ \text{m}^2$

- 계산결과

표 7.1 계산결과

	A	W	θ	$\sin\theta$	$\cos\theta$	$W\sin\theta$	$W\cos\theta$
①	0.912	15.23	9.982	0.173339	0.984862	2.64	15.00
②	2.676	44.69	16.541	0.284701	0.958616	12.72	42.84
③	4.256	71.08	23.316	0.395802	0.918336	28.13	65.27
④	4.690	78.32	30.456	0.506876	0.862019	39.70	67.51
⑤	4.002	66.83	38.238	0.618929	0.785447	41.36	52.49
⑥	3.073	51.32	46.963	0.730913	0.682471	37.51	35.02
⑦	1.750	29.23	57.571	0.844056	0.536254	24.67	15.67
⑧	0.482	8.05	66.866	0.919588	0.392883	7.40	3.16
합계	21.840	364.75				194.13	296.96

길이 1m의 중량은 면적(m^2)×흙의 단위중량(kN/m^3)×길이(m)이므로 원호 길이를 구하면

$$l = 9.06 \times \frac{\pi}{180} \times 64 = 10.12\ \text{m}$$

안전율은

$$F_s = \frac{\sum cl + W\cos\alpha\tan\phi}{\sum W\sin\alpha} = \frac{30\times10.12+296.96\times0.176}{194.13}$$

$$= 1.83$$

이 된다.

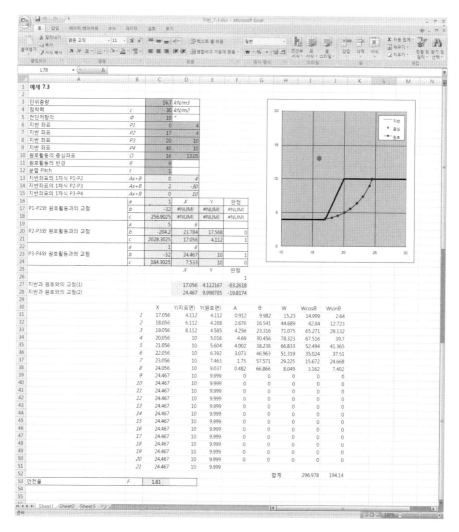

그림 7.13 예제 7.3 Excel 해답 예

표 7.2 예제 7.3 Excel 계산식

C13	=SLOPE(D6:D7,C6:C7)
D13	=INTERCEPT(D6:D7,C6:C7)
C14	=SLOPE(D7:D8,C7:C8)
D14	=INTERCEPT(D7:D8,C7:C8)
C15	=SLOPE(D8:D9,C8:C9)
D15	=INTERCEPT(D8:D9,C8:C9)
C16	=1+C13^2
C17	=-2*C10+2*C13*D13-2*C13*D10
C18	=C10^2+D10^2+D13^2-2*D10*D13-C11^2
D17	=ROUND((-C17+SQRT(C17^2-4*C16*C18))/(2*C16),3)
E17	=D17*C13+D13
F17	=IF(AND(C6<=D17,D17<=C7),1,0)
D18	=ROUND((-C17-SQRT(C17^2-4*C16*C18))/(2*C16),3)
E18	=D17*C13+D13
F18	=IF(AND(C6<=D18,D18<=C7),1,0)
C19	=1+C14^2
C20	=-2*C10+2*C14*D14-2*C14*D10
C21	=C10^2+D10^2+D14^2-2*D10*D14-C11^2
D20	=ROUND((-C20+SQRT(C20^2-4*C19*C21))/(2*C19),3)
E20	=D20*C14+D14
F20	=IF(AND(C7<=D20,D20<=C8),1,0)
D21	=ROUND((-C20-SQRT(C20^2-4*C19*C21))/(2*C19),3)
E21	=D21*C14+D14
F21	=IF(AND(C7<=D21,D21<=C8),1,0)
C22	=1+C15^2
C23	=-2*C10+2*C15*D15-2*C15*D10
C24	=C10^2+D10^2+D15^2-2*D10*D15-C11^2
D23	=ROUND((-C23+SQRT(C23^2-4*C22*C24))/(2*C22),3)
E23	=D23*C15+D15
F23	=IF(AND(C8<=D23,D23<=C9),1,0)
D24	=ROUND((-C23-SQRT(C23^2-4*C22*C24))/(2*C22),3)
E24	=D24*C15+D15
F24	=IF(AND(C8<=D24,D24<=C9),1,0)
D27	=DMIN(D16:F24,"X",D25:F26)
E27	=$D$10-SQRT($C$11^2-(D27-$C$10)^2)
F27	=DEGREES(ATAN2(D27-$C$10,E27-$D$10))
D28	=DMAX(D16:F24,"X",D25:F26)
E28	=$D$10-SQRT($C$11^2-(D28-$C$10)^2)

```
F28    =DEGREES(ATAN2(D28-$C$10,E28-$D$10))
C31    =D27
C32    =MIN(C31+C$12,$D$28)
C33    =MIN(C32+C$12,$D$28)
C34    =MIN(C33+C$12,$D$28)

       ...

C50    =MIN(C49+C$12,$D$28)
C51    =MIN(C50+C$12,$D$28)
D31    =ROUND(IF(AND($C$6<=C31,C31<=$C$7),C31*C$13+$D$13,IF(A
       ND($C$7<=C31,C31<=$C$8),C31*C$14+$D$14,C31*C$15+$D$1
       5)),3)
D32    =IF(AND($C$6<=C32,C32<=$C$7),C32*C$13+$D$13,IF(AND($C$
       7<=C32,C32<=$C$8),C32*C$14+$D$14,C32*C$15+$D$15))
D33    =IF(AND($C$6<=C33,C33<=$C$7),C33*C$13+$D$13,IF(AND($C$
       7<=C33,C33<=$C$8),C33*C$14+$D$14,C33*C$15+$D$15))
D34    =IF(AND($C$6<=C34,C34<=$C$7),C34*C$13+$D$13,IF(AND($C$
       7<=C34,C34<=$C$8),C34*C$14+$D$14,C34*C$15+$D$15))

       ...

D50    =IF(AND($C$6<=C50,C50<=$C$7),C50*C$13+$D$13,IF(AND($C$
       7<=C50,C50<=$C$8),C50*C$14+$D$14,C50*C$15+$D$15))
D51    =IF(AND($C$6<=C51,C51<=$C$7),C51*C$13+$D$13,IF(AND($C$
       7<=C51,C51<=$C$8),C51*C$14+$D$14,C51*C$15+$D$15))
E31    =ROUND($D$10-SQRT($C$11^2-(C31-$C$10)^2),3)
E32    =ROUND($D$10-SQRT($C$11^2-(C32-$C$10)^2),3)
E33    =ROUND($D$10-SQRT($C$11^2-(C33-$C$10)^2),3)
E34    =ROUND($D$10-SQRT($C$11^2-(C34-$C$10)^2),3)

       ...

E50    =ROUND($D$10-SQRT($C$11^2-(C50-$C$10)^2),3)
E51    =ROUND($D$10-SQRT($C$11^2-(C51-$C$10)^2),3)
F31    =IF(E32-E31<>0,ROUND((D31-E31+D32-E32)/2*$C$12,3),0)
F32    =IF(E33-E32<>0,ROUND((D32-E32+D33-E33)/2*$C$12,3),0)
F33    =IF(E34-E33<>0,ROUND((D33-E33+D34-E34)/2*$C$12,3),0)
F34    =IF(E35-E34<>0,ROUND((D34-E34+D35-E35)/2*$C$12,3),0)

       ...

F49    =IF(E50-E49<>0,ROUND((D49-E49+D50-E50)/2*$C$12,3),0)
F50    =IF(E51-E50<>0,ROUND((D50-E50+D51-E51)/2*$C$12,3),0)
G31    =IF(E32-E31<>0,ROUND(DEGREES(ATAN2(C32-C31,E32-E31)),3),0)
G32    =IF(E33-E32<>0,ROUND(DEGREES(ATAN2(C33-C32,E33-E32)),3),0)
G33    =IF(E34-E33<>0,ROUND(DEGREES(ATAN2(C34-C33,E34-E33)),3),0)
G34    =IF(E35-E34<>0,ROUND(DEGREES(ATAN2(C35-C34,E35-E34)),3),0)
```

```
        ...
G49    =IF(E50-E49<>0,ROUND(DEGREES(ATAN2(C50-C49,E50-E49)),3),0)
G50    =IF(E51-E50<>0,ROUND(DEGREES(ATAN2(C51-C50,E51-E50)),3),0)
H31    =ROUND(F31*$C$3,3)
H32    =ROUND(F32*$C$3,3)
H33    =ROUND(F33*$C$3,3)
H34    =ROUND(F34*$C$3,3)

        ...
H49    =ROUND(F49*$C$3,3)
H50    =ROUND(F50*$C$3,3)
I31    =ROUND(H31*COS(RADIANS(G31)),3)
I32    =ROUND(H32*COS(RADIANS(G32)),3)
I33    =ROUND(H33*COS(RADIANS(G33)),3)
I34    =ROUND(H34*COS(RADIANS(G34)),3)

        ...
I49    =ROUND(H49*COS(RADIANS(G49)),3)
I50    =ROUND(H50*COS(RADIANS(G50)),3)
J31    =ROUND(H31*SIN(RADIANS(G31)),3)
J32    =ROUND(H32*SIN(RADIANS(G32)),3)
J33    =ROUND(H33*SIN(RADIANS(G33)),3)
J34    =ROUND(H34*SIN(RADIANS(G34)),3)

        ...
J49    =ROUND(H49*SIN(RADIANS(G49)),3)
J50    =ROUND(H50*SIN(RADIANS(G50)),3)
I52    =SUM(I31:I51)
J52    =SUM(J31:J51)
C53    =(C4*C11*RADIANS(ABS(F27-F28))+TAN(RADIANS(C5))*I52)/J52
```

부 록

》 Add-in의 사용방법

예제 6.5를 Excel에서 계산하기 위해서는 허수연산에 필요한 [분석도구]가
필요합니다. 이 기능은 Excel의 Add-in(추가기능)으로 제공하고 있으므로 사전
에 Add-in을 등록하는 작업이 필요한데, 등록하는 순서는 다음과 같습니다. 현
재 이 책에서 사용하는 Excel은 Microsoft사의 Office Excel 2007을 사용하
고 있으므로 이 버전을 중심으로 설명합니다. Excel 버전이 다른 경우에는 해
당 도움말을 참조하시기 바랍니다.

1. 먼저 좌측 상단에 있는 [Office 단추]를 클릭하고 아래쪽에 있는 Excel 옵션(I)
   버튼을 클릭하세요.

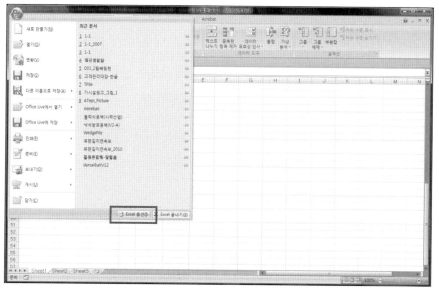

그림 1 Excel Office 단추메뉴

2. 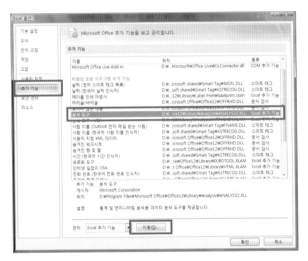 버튼을 클릭하면 [Excel 옵션]창이 나타납니다. 여기서 좌측에 있는 메뉴에서 [추가기능]을 클릭하면 Excel 추가기능이 리스트로 나타납니다. 이 중에서 [분석도구]를 선택한 후에 　이동(G)... 버튼을 클릭합니다.

그림 2 Excel 옵션 Dialog

3. 그러면 [추가기능]Dialog가 나타납니다. 이 Dialog에서 [분석도구]에 체크를 하고 [확인]버튼을 클릭하면 예제 6.5를 사용할 수 있습니다.

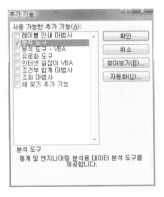

그림 3 추가기능 Dialog

찾아보기

엑셀 강좌시리즈 2

엑셀을 이용한 지반공학 입문

초판인쇄 2011년 3월 7일
초판발행 2011년 3월 14일

지 은 이 이시다 테츠로
옮 긴 이 황승현
펴 낸 이 김성배
펴 낸 곳 도서출판 씨아이알

책임편집 한지윤
디 자 인 전미송, 류지영
제작책임 윤석진

등록번호 제2-3285호
등 록 일 2001년 3월 19일
주   소 100-250 서울특별시 중구 예장동 1-151
전화번호 02-2275-8603(대표) 팩스번호 02-2275-8604
홈페이지 www.circom.co.kr

ISBN 978-89-92259-70-5   94350
      978-89-92259-69-9   (세트)
정가 18,000원

여러분의 원고를 기다립니다.

도서출판 씨아이알은 좋은 책을 만들기 위해 언제나 최선을 다하고 있습니다.

토목건축불교 분야의 좋은 원고를 집필하고 계시거나 기획하고 계신 분들, 그리고 소중한 외서를 소개해주고 싶으신 분들은 언제든 도서출판 씨아이알로 연락주시기 바랍니다.

도서출판 씨아이알의 문은 날마다 활짝 열려 있습니다.

≪도서출판 씨아이알의 도서소개≫

토목공학

지반기술자를 위한 지질 및 암반공학 II
(사)한국지반공학회 저 / 742쪽(4*6배판) / 35,000원
이 책은 암반역학기술위원회가 지난 14년 동안 특별세미나 개최, 현장지질답사 및 현장견학을 꾸준히 진행하여 화산암, 편암, 편마암 등의 지질주제와 풍화, 암반분류, 암반응력 등에 대한 주제에 대한 연구 성과를 모은 책이다. 기술적 성과를 소개하고 조사설계시공에 대한 기술도서로서 활용할 수 있도록, 특별세미나 및 지질실습 등의 내용을 수정·보완하여, 지난번에 발간된 「지반기술자를 위한 지질 및 암반공학 I」에 이어 「지반기술자를 위한 지질 및 암반공학 II」를 발간하게 되었다.

홍콩트랩
백이호 저 / 352쪽(신국판) / 18,000원
이 책의 저자는 '홍콩 컨테이너터미널-9' 프로젝트의 공사 진행이 늦어지자 현장을 지휘하면서 끊임없이 발생하는 문제들을 해결하고 발주처와 시공사 사이에서 벌어지는 대결과 협상을 반복하는 길고도 험난한 여정을 상세하고 솔직하게 기록하였다. 특히 건설기술자들이 자칫 간과하기 쉽고 놓치기 쉬운 공사계약조건 속에 숨겨진 함정의 덫에 어떻게 대응하고 해결해야 하는지 앞으로 이와 비슷한 상황을 만나게 될 후배들은 어떻게 하면 이와 같은 함정에서 빠져나올 수 있는지 고마운 길잡이가 되어줄 것이다.

방호공학개론
Theodor Krauthammer 저 / 박종일 역 / 400쪽(4*6배판) / 30,000원
이 책은 자연재해와 더불어 현재 전 세계적으로 증가하고 있는 비대칭 공격 또는 직접적인 군사적 공격에 대비한 방호설계에 대한 공학적 문제(관통, 기록, 구조부재 거동 등)에 대해 광범위하게 다루고 있다. 또한 현실적인 방호 설계를 위해서 반드시 객관적인 위험평가가 필수적이며 이를 통해 경제적으로 적용 가능한 방호 방법을 수립할 수 있게 이 책은 도와줄 것이다.

토목기술자를 위한 한국의 암석과 지질구조
이병주·선우춘 편 / 296쪽(4*6배판) / 20,000원
이 책은 토목공사를 실시함에 있어서 대상이 되는 지질과 지질구조를 이해함으로써 설계 시 이를 반영하고, 시공 시에 부딪힐 수 있는 사고와 위험에 미리 대비할 수 있도록 암석과 지질구조에 대한 일반적인 내용을 비롯하여 고생대에서 신생대까지의 지역적인 암석들의 분포와 특성에 대하여 설명하였다.

보강토 공법 실무>>설계·시공·시험평가
한국토목섬유학회 편 / 492쪽(4*6배판) / 30,000원
이 책에서는 지반개량이나 지반보강, 제방 및 축조에 사용하기 위한 다양한 종류의 토목섬유의 종류와 공법들을 사진들과 함께 기술하였다. 또한 시공 시 다양한 기후나 주변의 환경에 영향을 받는 것

을 고려하여 보강용 토목섬유의 내후성 및 내구성 평가, 그리고 ISO, ASTM, KS 등 토목섬유 시험방법을 비교, 분석하였다.

실무자를 위한 흙막이 가설구조의 설계
황승현 저 / 472쪽*4*6배판) / 25,000원
이 책은 국내는 물론 해외의 설계기준이나 지침 참고도서를 총망라하여 각 설계기준이나 지침에 없는 내용과 오류, 항목만 있고 상세한 내요이 없는 것, 설계실무자들이 관행적으로 잘못 알고 있는 사항, 반드시 검토할 사항 등 흙막이구조 전반에 걸쳐서 설계종사자들이 알아야 할 사항을 상세히 소개하였다.

지질공학
M. H. de Freitas / 선우춘, 이병주, 김기석 / 492쪽(4*6배판) / 27,000원
설계나 시공에서 지질과 관련된 문제점들과 마주치게 되는데 이 책은 지질분야에 익숙하지 않은 자원개발 전문가나 토목기술자들이 겪는 문제의 해결을 돕는다.

토석류 재해대책을 위한 조사법
사방사태기술협회 저 / 한국시설안전공단 역 / 244쪽(신국판) / 18,000원
이 책은 사방(砂防) 관계의 기술에 관한 도서로서, 토석류를 대비할 수 있도록 토석류 재해 조사 방법과 정리 방법에 대해 기술하였다.

말레이시아에 대한민국을 심다
백이호 저 / 304쪽(신국판) / 15,000원
<말레이시아에 대한민국을 심다>는 페낭대교 수주부터 말레이시아 현장에서의 공사 완공까지의 내용을 꼼꼼하게 정리하였다. 토목기술자들이 일선 현장에서 무슨 생각을 하였고, 어떠한 활동을 했는지를 생생하게 알 수 있다.

엑셀을 이용한 구조역학 입문
차바타 요스케·다나카 카즈미 / 차바타 요스케·다나카 카즈미 / 224쪽(신국판) / 18,000원
이 책에서는 기본적인 구조역학 개념을 소개하였으며, 이를 이용한 엑셀프로그램의 사용방법에 대하여 설명하였다. 또한 실무에서 자주 이용되고 있는 엑셀의 표계산 및 VBA(Visual Basic Application)이 수록되어 있다.

지반기술자를 위한 입상체 역학
일본지반공학회 저 / 한국지반공학회 역 / 392쪽(4*6배판) / 28,000원
이 책은 기존의 연속체 역학에 바탕을 둔 이론서들과는 달리 입자들의 집합체인 입상체의 개념과 원리, 역학적 거동의 표현, 또한 그 해석과 응용 등을 다루고 있어 모든 지반구조물의 해석에 매우 유용하게 활용될 수 있다.

그라운드 앵커 유지관리 매뉴얼
독립행정법인 토목연구소·일본앵커협회 / 한국시설안전공단 역 / 238쪽(신국판) / 18,000원
각종 구조물 보강 및 비탈면 안정성 확보 등을 목적으로 사용되는 그라운드 앵커는 공용기간이 지나면 다양한 문제점이 발생하기 때문에 유지관리가 매우 중요하다. 이번에 한국시설안전공단에서 지반기술자들의 이해를 돕기 위해 본 번역본을 발간하게 되었다.

토질역학
장연수 저 / 614쪽(4*6배판) / 33,000원
저자는 실무에서 중요하게 활용되는 주요 개념을 포함할 수 있는 토질역학 교재의 필요성을 느껴 이 책을 내놓게 되었다. 전반부는 토질역학의 원리를 주로 설명하며, 후반부는 흙과 구조물 기초지반에 응용하는 내용으로 토질역학의 기본을 습득하고 이를 응용할 수 있도록 하였다.

자원개발 공학
Howard L. Hartman, Jan M. Mutmansky 저 / 정소걸, 선우춘, 조성준 역 / 540쪽(4*6배판) / 30,000원
이 책은 자원개발을 위한 탐사, 탐광, 개갱, 채광 및 복구 등 5개

의 주요 단계에 대한 내용과 시대의 변화에 따른 자동화 및 로봇화, 급속굴진, 수력채광, 메탄가스 배출 및 원유채광 등 신채광법에 대한 내용도 포함되어 자원개발과 관련된 모든 것을 학습할 수 있다.

터널붕괴 사례집
(사)한국터널공학회 저 / 420쪽(4*6배판) / 35,000원
약 반세기 동안 국내의 터널설계와 시공기술은 눈부신 발전을 이루어왔다. 하지만 이런 눈부신 기술성장 뒤에는 많은 시행착오가 있었다. 터널시공 중 발생한 붕락·붕괴사고와 지반조건 판단의 오류로 인한 인재도 있었다. 이에 (사)한국터널공학회에서는 국내는 물론 해외에서도 사례가 없는 터널 붕괴·붕락 사례집을 발간하게 되었다.

한국의 터널과 지하공간
(사)한국터널공학회 저 / 500쪽(4*6배판) / 30,000원
이 책은 과거에서 현재까지 우리나라의 터널과 지하공간에 대한 발전 동향에 대해 풍부하고 상세한 시공사례를 제공하며, 미래의 발전 방향을 제시하고 있다. 또한 신뢰성 있는 터널 및 지하공간의 통계자료 등이 체계적으로 정리되어 있다.

재미있는 흙이야기
히메노 켄지 외 저 · 이승호, 박시현 역 / 196쪽(신국판) / 15,000원
이 책은 흙에 있어 그 생성부터 조사방법에 이르는 전문적인 내용까지를 아우르고 있다. 일반적으로 '흙은 어떻게 만들어졌나?'라는 소박한 의문에서부터 토질에 얽힌 기본적인 문제를 시작으로 다양한 문제들을 다루고 있다.

최신 지반환경공학
신은철·박정준 저 / 400쪽(4*6배) / 20,000원
이 책은 지반환경의 개념, 역사, 분류, 오염방지 및 정화기술, 폐기물매립지의 안정화 및 안정성평가, 사례 등을 망라한 지반환경의 공학적 총서라 할 수 있다.

터널설계기준 해설서
(사)한국터널공학회 저 / 420쪽(4*6배판) / 30,000원
이 책은 설계기준에 대한 독자들의 실무적인 이해를 돕고, 터널설계업무 전반에 있어 보다 명확한 가이드라인을 제시하고 있다.

대형·대단면 지하공간 가상프로젝트
(사)한국터널공학회 저 / 184쪽(4*6배) / 16,000원
우리나라는 지난 20년 동안 사회간접시설의 중·소단면 터널건설에 급속한 발전을 이룩하여 지하 대공간 활용의 중요성이 대두되고 그 요구가 절실하게 나타나고 있는데, 이에 부응하여 지하대공간연구단은 이 책을 발간하게 되었다.

지반기술자를 위한 지질 및 암반공학
(사)한국지반공학회 저 / 724쪽(4*6배) / 35,000원
이 책은 지반공학을 전문으로 하거나, 지반관련 현장을 담당하고 있는 많은 기술자들에게 중요한 참고도서로 활용될 수 있으며, 나아가 우리나라 지질 및 암반에 대한 소중한 기술자료가 될 것이다.

건설기술자를 위한 토목지질학
노병돈 저 / 256쪽(4*6배판) / 20,000원
이 책은 터널을 축조할 때, 보다 신속하고 정확한 지반정보를 얻을 수 있는 표준화된 방법을 개발하고, 취득된 자료를 균일한 지반정보로 설계자 및 시공자에게 제공함으로써 터널의 성공적 축조에 기여하기 위해 집필되었다.

터널표준시방서
(사)한국터널공학회 저 / 162쪽(4*6배판) / 15,000원
1999년 터널표준시방서가 개정된 이 후 그동안 제·개정된 각종 관련법, 기준, 지침과의 연계성을 확보하며 새롭게 개정하게 되었다. 터널에서 재난과 재해의 피해가 발생하지 않도록 내용을 더욱 강화하였다.

지하 대공간 구조물_설계 및 시공가이드
이인모 외 저 / 232쪽(4*6배판) / 18,000원
이 책은 지하에 건설되는 교통(도로, 철도), 전력, 통신, 수로터널 등 사회간접시설뿐 아니라 각종 편의를 위한 지하 대공간 구조물의 적극적인 창출과 원활한 계획, 설계, 시공 및 유지관리를 목적으로 출간되었다.

터널 기계화시공 설계편
한국터널공학회 저 / 672쪽(4*6배판) / 38,000원
2008년 기계화시공을 위한 설계 및 기술강좌 교재를 수정·보완하여 이 책을 발간하였다. 이 책에서는 TBM 터널의 개념, 굴착이론 및 설계의 주요 과정들, 장비 선정과 시공계획, 현장 시공기술, 설계적용 사례 등을 상세히 다루고 있다.

사면 방재 포인트 100
오쿠조노 세이시 저 · 백용 · 이흥규 · 배규진 · 신희순 · 이승호 · 노병돈 역 / 231쪽(신국판) / 19,000원
이 책은 일본의 사면방재와 관련된 정보를 소개하는 책을 국내의 정황에 맞추어 각색하여 출간한 것이다. 필요한 기초지식을 중심으로, 과거의 체험, 교훈을 인용하여 중요한 포인트 100건을 소개하였다.

터널설계기준
(사)터널공학회 저 / 148쪽(4*6배판) / 15,000원
1999년 터널표준시방서와 터널설계기준이 분리되어 제정된 이후 8년의 시간이 흘렀다. 그동안 각종 관련법과 기준, 지침 등이 재개정되었다. 그동안 제·개정된 법안과의 연계성을 확보하고, 최근의 현안문제 등을 개선해야 할 필요성에 따라 이 책이 출간되었다.

강구조공학(4판 개정판)
William T. Segui 저 / 권영봉, 배두병, 백성용, 최광규 공역 / 708쪽(4*6배판) / 25,000원
이 책은 멤피스대학의 William T. Segui 교수가 2005년 AISC 시방서 및 강구조편람의 개정된 사항을 포함하고 내용을 보완해 개정한 강구조설계 4판을 번역한 것이다.